KB262306

김용희의 대중문화 읽기

사랑은 무브

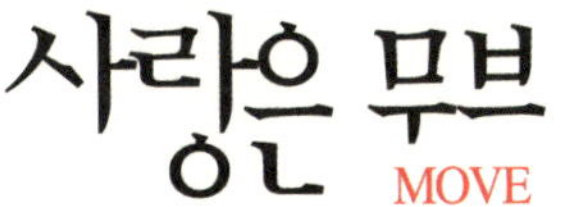

MOVE

Money, Orgasm, Variation, Energy

지은이 **김 용 희**

이화여대 국문학과와 동대학원을 졸업하다. 영화, 드라마 보기를 좋아하고 시, 소설 읽기와 쓰기를 좋아하며 춤과 노래를 즐긴다. B형이고 천칭자리. '좌충우돌 다장르주의자'라고 남들이 부르기도 하지만 본인은 "나, 그냥, 쓰고 싶은 거, 쓸 거다"를 '열나' 외치고 살아간다.

『조선일보』 '김용희가 보여주는 시의 얼굴', 『중앙일보』 '삶과 문화' 코너, 『동아일보』 '수요프리즘', 『주간동아 – 문화평』 코너를 연재한 적이 있다. 지은 책으로 문화평론집 『기호는 힘이 세다』, 『우리시대 대중문화』, 영화평론집 『천개의 거울』, 문학평론집 『페넬로페의 옷감짜기』, 『순결과 숨결』, 장편소설 『란제리소녀시대』, 『화요일의 키스』 등이 있다.
〈김달진문학상〉, 〈김환태평론문학상〉, 〈농어촌희망문학상〉 소설 대상 수상.
현재 평택대학교에서 현대시를 가르치고 있다.

김용희의 대중문화 읽기

사랑은 무브
MOVE　Money, Orgasm, Variation, Energy

초판 발행 2012년 6월 22일

지 은 이 김용희
펴 낸 이 최종숙
펴 낸 곳 글누림출판사

책임편집 임애정
편　　집 이태곤 권분옥 이소희 박선주 **디자인** 안혜진 이홍주
마 케 팅 박태훈 안현진 **관리** 이덕성

주　　소 서울시 서초구 반포4동 577-25 문창빌딩 2층(137-807)
전　　화 02-3409-2055(대표), 2058(영업), 2060(편집)
팩　　스 02-3409-2059
전자메일 nurim3888@hanmail.net
홈페이지 www.geulnurim.co.kr
등록번호 제303-2005-000038호(2005.10.5)

정　　가 10,000원
ISBN 978-89-6327-199-6 03300

출력·안문화사 **인쇄**·바른글인쇄 **제책**·동신제책사 **용지**·에스에이치페이퍼

* 잘못된 책은 교환해 드립니다.

사랑은 무브
MOVE

글누림

01

1990년대 유지태는 실연의 아픔 속에서 얼굴을 일그러뜨린 채 이영애에게 묻는다. "사랑이 변하니?"(영화 〈봄날은 간다〉) 그러자, 광고 속 여자는 다른 남자 등에 업혀 응수한다. "그래, 사랑은 움직이는 거야!"(핸드폰 광고카피)

'영원한 사랑'은 더 이상 우리 시대 종교가 아니다. 사랑은 움직이는 유기체가 되었다. 포켓몬스터처럼 변화하고 움직인다. 진화하며 변신한다. 사람들은 '영원한 사랑'이 아니라 '낭만적 연애'를 꿈꾸게 되었다. 도시 문화를 둘러싸고 있는 영상물들은 '낭만적 연애'를 설파하고 있다. 영화와 드라마와 광고에서. 커플들은 연애를 하기 시작한다. 낭만적 연애를. 멋진 레스토랑에서, 커플 영화관에서 깜짝 이벤트를 준비하며 백 개가 넘는 촛불 프러포즈를 준비하며. 사랑이 아니라 연애가 시작되었다. 연애의 문화가 부화하기 시작했다. 사랑은 움직이는 것이기에. 사랑은 수많은 상대를 만나는 "짝짓기" 프로그램이 되어가고 있다(오락프로 〈짝〉, 〈러브스위치〉).

사랑은 무브(MOVE−Money, Orgasm, Variation, Energy)다.

사랑은 무브 Money, Orgasm, Variation, Energy

사랑이 연애가 될 때 연애는 하나의 '문화'가 된다. 대중문화는 도시적 삶에 하나의 '스타일'이다. 삶의 기호다. 우리는 일어나서 잠들 때까지 대중문화를 먹고 마신다. 게스 청바지, 나이키 운동화에 카페베네 아메리카노를 마신 뒤 애플맥을 등에 매고 갤럭시 노트를 두들기면서. 트위터와 페이스북, 카카오톡을 하면서. 전철을 타고 이 도시의 긴 행선을 따라가면서. 수많은 사람들이 네트(net)에서 만나고 네트에서 헤어질 때, 서로의 무사안녕을 확인하면서 하루의 아침을 SNS로 시작할 때, 어디에서는 네가 아니면 내가 낙오되어야 하는 초경쟁시대, 전교 석차 1, 2등을 다투던 한 고교생이 극도의 긴장을 못 이겨 투신자살할 때, 마지막 남긴 유서에서 발견된 한 마디 "이젠, 됐니?"라고 조소하며 물어올 때, 네가 아닌 내가 '살아남았다'는 것에 위안의 가슴을 쓸어내려야할 때(서바이벌 <위대한 탄생>, <나는 가수다>), 나는 내가 살아가는 이 세계가 진정 안녕(安寧)한 세계인가, 하는 물음을 품곤 한다.

우리가 입고 먹고 마시고 신는 '대중문화'를 읽어보려 한다. 대중문화 읽기는 곧 우리의 삶을 읽는 일이다. 내가 살아가는 이 세계를 읽는 행위다.

　우리 시대 문화를 짚어낼 수 있는 키워드 여섯 개를 뽑아본다.

　연애, 백수, 캐릭터, 한류와 K팝, 복고로서의 386문화, 인종주의와 다문화주의.

　우리 시대 대중문화를 포섭하기에는 작위적이고 한정적일 수밖에 없다. 하지만 대중문화를 살필 수 있는 첨예한 촉수의 한 지점들이라 생각해본다.

02

2000년대 문화관광체육부에 문화콘텐츠산업 부서가 생겨났다. 매해 어마어마한 예산을 쓰고 있다. 대학에서는 문화콘텐츠학과가 생겨나고 지방자치단체에서는 지역문화콘텐츠개발에 여념이 없다. 문화의 시대이고 스토리텔링의 천국이다.

　인간이 '문화적인' 존재라는 것은 '환상'을 품기 때문이다. 실제 '연애'를 하기보다 '연애의 문화(커플문화)'를 더 즐기고 싶기 때문이다. 실제 '백수'가 되기보다 백수처럼 '빈둥거리는 흉내'를 내고 싶

사랑은 무브 Money, Orgasm, Variation, Energy

은 것이다. 복고시절 영화를 보는 것은 빛났던 생의 한 때, 청춘의 때로 돌아가고 싶기 때문이다. 어른이 된다는 것은,

고독한 것이다.

하여,

무엇이 되는지는 모르지만 우리는 그 누군가에게 '무엇'이 되고 싶다. 같은 문화를 공유히고 같은 문화부족(夫族)이 되는 것으로, 비틀즈를 좋아하고 하루키를 좋아하는 것으로, '동방신기'를 좋아하고 빅유천을 좋아하는 것으로 우리는 이 시대에 '뭔가' '의미 있는' 환상을 품게 되는지도 모른다. '의미 있는 환상'을 공유하는 것으로 우리는 이 시대, '같은 피'를 나눈 문화부족이다.

2012년 봄날,
김용희 쓰다

chapter 6 인종주의 공포와 혼성성의 의미

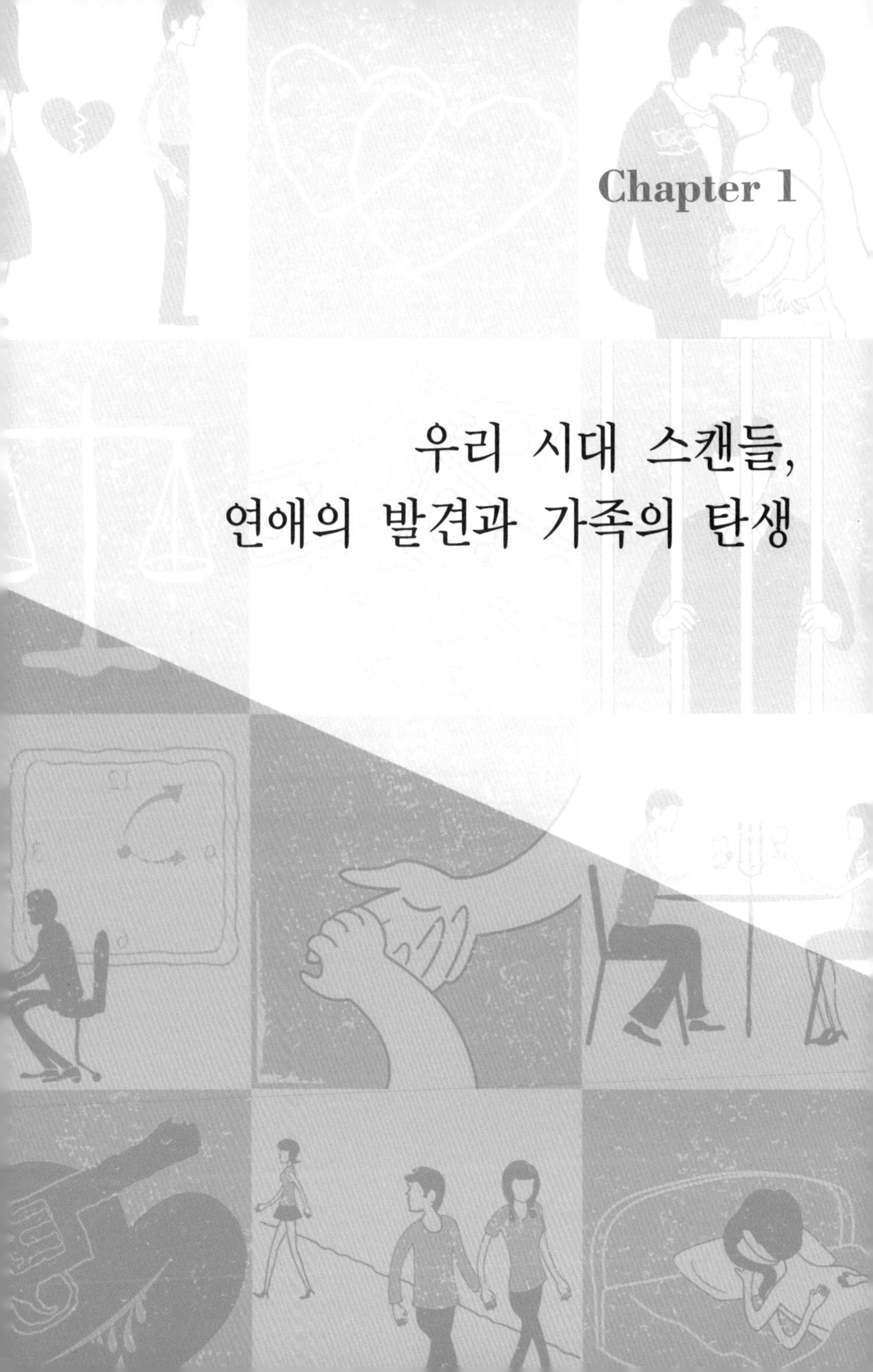

우리 시대 스캔들,
연애의 발견과 가족의 탄생

우리 시대는 '연애의 시대'다. 연애 권하는 사회다. 틀림없다.
커플링과 커플티, 커플팝콘과 커플기념일. 커플이 아니면 루저가 되는 세상이
다. 연애는 쿨하고 세련된 도시성을 이루는 하나 조건이 되고 있다.

사랑이 변하니? 그래, 사랑은 움직이는 거야!

짐작이 맞다면 최근 한국사회는 '연애'의 열풍에 휩싸여 있다. 초등학생에서부터 노년에 이르기까지. 결혼을 했는가 하지 않았는가는 상관이 없다. 울리히 벡은 현대사회에서 유일한 전율과 아우라는 '사랑'이라 설파한다. 사랑에 대한 갈망이 현대의 근본주의, 일종의 종교가 되어버렸다고.

사랑은 현대의 실존적 좌절을 회복시켜 주는 사생활의 신神이 되었다. 혼란스러운 전통해체의 시대, 진정한 자아와 만날 수 있는 낭만적 메게가 되었다. 낭만적 사랑을 하고 결혼에 이르게 되는 과정은 근대 시민사회 소시민에게 내재되어 있는 보편적 열망이다.

텔레비전 드라마는 날마다 남녀 사랑을 이루는 종국의 결론이 '결혼'이라 유포한다. 주인공들이 반대에도 불구하고 과연 결혼하게 될 것인가 말 것인가. 낭만적 사랑의 판타지는 수십 년 동안 온갖 통속적 대중운동으로 변화되었다. 문화적 삶의 모든 구석에, 영상물과 광고카피와 사람들의 마음속에 스며들어 있다.

그러나, 그렇게 하여, 그리고 나서 그들은, '결혼해서 잘 먹고 잘 살았나'. 멋진 왕자와의 낭만적 사랑을 열망하던 인어공주는 비로소 자신의 종족을 버림으로써 사랑이 성취된다는 것을 알게 된다. 비늘꼬리를 버리고 고통스럽게 인간의 다리로 걸어 다니면서 자신의 종족인 해산물들을 포크로 찍으며 왕자와 함께 먹어야만 하는 식사시간카니발리즘, 인어공주는 비로소 처절한 자기인식을 한다월트 디즈니 애니메이션 〈인어공주〉.

결혼이데올로기는 여성 삶의 가능성을 최대한 실현시키는 것이 결혼하는 길밖에 없다는 식의 관념을 유포했다. 하지만 '집안의 천사' 이데올로기는 개인화가 극단적으로 진행되는 후기소비자본주의 사회에서 새로운 국면을 맞게 된다. 영화 <봄날은 간다>에서 "사랑이 변하는 거니?"라고 유지태가 말할 때, 휴대전화 광고에서는 "그래, 사랑은 움직이는 거야."라고 응수하면서 낭만적 사랑의 관습적 신념을 우스꽝스러운 것으로 만들었다.

낭만적 사랑은 결과적으로 가부장적 사회구조를 공고히 했다. 여성이 남성에게 온전히 종속되는 것으로 스스로 행복이 보장된다는 숭고한 환상을 심화시켰다.

이제 도시문화는 사람들에게 '나르시시즘'을 가르치면서 개인화로 몰아가고 있다. 사람들보다 텔레비전과 영화가 먼저 사랑을 하기 시작했다. 하이얏트 호텔에서, 강남과 반포에서, 제주도 바닷가에서, 멋진 차안에서, 이벤트와 같은 깜짝 프러포즈가 준비된다. 사람들은 이제 꿈꾸기 시작한 것이다. 사랑이 아니라 연애를, 연애의 이미지를, 연애의 소비적 관능을.

그러니까 연애는 도시문화와 함께 시작된다. 촛불과 와인을 준비한 채, 그윽한 음악이 퍼지는 레스토랑에서. 커플링과 커플티를 준

사랑은 무브 Money, Orgasm, Variation, Energy

비하고 커플핸드폰 사용료를 내면서. 핸드폰 비밀번호를 공유하고 발렌타인데이와 화이트데이 선물을 준비하면서. "선영아 사랑해"^{인터넷 광고카피} 구애는 공적인 것이어야 하기에 사랑받고 연애하고 싶은 여성들은 감동의 프러포즈를 기다리고 있다. 텔레비전은 다양한 짝짓기 프로그램^{〈천생연분〉, 〈짝〉 등}을 준비하고 복합상영관은 커플 팝콘과 커플 콜라를 먹는 커플들로 가득하다.

　낭만적 사랑은 비로소 '연애'라는 근대의 형식과 논리를 가지면서 일종의 도시적 라이프스타일이 되었다. 도시 문화의 기호로서, 새로운 습관과 가치로 자리 잡게 되었다. '사랑'이 '실존적 운명의 방식'이 아니라 '도시적 삶의 스타일'로서 '연애'가 된 것이다.

　연애는 사랑과 달리 '연애질'이어야 하기에 일정한 공간과 반복이 필요하다. 규칙적 시간대가 필요하다. 연애는 지속적인 행위습관과 그것을 위한 매체가 필요하기에. 연애의 의사소통을 위한 네트워크가 필요하기에. 연애를 위해 매체는 끝없이 진화, 발전되어 간다.

　근대의 연애는 1920년대 삼일운동의 좌절로 성행하게 되었다고 말한다. 연애는 일본어 'love'의 번역어로 이식 학습되었다.[1] 근대의 연애는 박래품^{舶來品}으로서 학습된 열정이라는 사실. 1920년대 신여성 신남성은 일본어로 편지를 써 사랑을 고백하고 연인끼리 일어로 시를 지어 주고받기도 하였다. 외래의 사랑을 실천한 셈이다.[2] 1920년대 연애는 사랑의 실천과정이었다. "사랑이 생기기 전에 사랑하고자 하는 욕망이 먼저 자라난 것이다. 신성한 연애의 가치는 명백

했지만 다만 연애의 대상이 없을 뿐이었다."[3] 이때 연애를 가능하게
한 것은 바로 '학교-기차-신문'이라는 사회적 네트워크였다. 이것
이 탈인격화된 중매쟁이의 모습을 하고 있었다.[4] 계몽기에 남녀는
공교육 기관으로 학교에 함께 모였다. 교회의 예배장소는 공적인
연애의 장소가 되었다. 고려시대 연등제가 개화기 교회의 예배시간
으로 바뀌게 된 셈이다. 즉 근대적 개인성의 출현은 근대적 사랑의
형태로서의 낭만적 사랑, 연애를 가능하게 했다. 연애는 근대의 사
회 문화적 조건 가운데서 대중화되었다 할 수 있다.

연애의 대중화를 가능하게 한 것은 인쇄매체의 발달로 인한 독
서인구의 증가, 체신국 설립에 따른 우편 매체의 보편화였다. 편지
는 수신자와 발신자 사이에만 소통되는 가장 개인적이고 내밀한 고
백의 형식이다. 편지는 지금 이 자리에 부재하는 당신을 그리워하
고 또 지금 이곳으로 호명해, 부재하는 당신을 현존하게 하는 욕망
의지와 관계한다. 부재를 현존의 과정으로 호명한다는 점에서 편지
는 환상으로 과장되고 판타지로 구성된다. 편지는 사랑을 환각적으
로 키우는 일종의 글쓰기와 글읽기의 과정이었던 셈. 연애편지는
또 하나의 연애소설이었던 셈이다.

연애를 위한 통신 매체는 연애편지에서 전보로, 전화에서 '삐삐',
휴대 전화로 급속한 속도를 동반하면서 변화해간다. 김승옥의 소설
『무진기행』1966에서 주인공 '나윤희중'는 하 선생하인숙에 대한 사랑의
편지를 미처 부치지 못한다. 서울의 아내에게서 온 전보를 받고 곧

사랑은 무브 Money, Orgasm, Variation, Energy

바로 무진을 떠난다. 전보의 속도가 편지의 완만함을 이긴 것이다. 왕가위 영화 <중경삼림>1995에서 아비는 헤어진 연인에게서 '삐삐'가 오기를 간절히 기다리며 운동장을 달린다. 김영하 소설 『호출』1997에서 '나'는 헤어진 그녀에게 "그래도 다시 한 번 호출을 해볼까?" 하면서 전화기를 만지작거리기 시작한다.

2000년대 연인들은 서로에게 휴대 전화를 선물하고 커플요금을 지불한다. 단축키 0번과 1번에 연인의 이름을 입력하고 커플사진을 사이버공간에 올린다. 기념일을 기억하고 백일, 이백일 선물을 준비한다.

이제 연애는 비밀스러운 소통과정이 아니라 공개적인 이벤트, 세리머니가 되었다. 정품혜택과 소비생활을 위한 프로젝트가 되었다. 1920년대 해방과 자유와 근대주체의 개인성 출현의 의미를 지녔던 사랑은 '연애'와 등가의 관계였다. 이제 '연애'는 사랑과 '무관한' 도시생활에서 하나의 라이프스타일이다. 나르시시즘으로서 개인화를 즐기는 과정이다. 도시인들은 문화의 한 방식을 향유하듯 연애를 먹고 마시고 소비한다. 연애의 심리와 연애의 로맨스를 즐긴다. 연애는 도시의 중심적인 대중문화 그 자체가 된 것이다. 연애편지라는 낭만적 통신이 갖는 자기 환각성현진건, 「B사감과 러브레터」과 기다림은 휴대 전화, 문자, 채팅의 즉각성으로 교체되었다. 이제 연애소설과 연애영화가 사람들의 환각성을 대신 살아주고 있다.

연애가 도시소비문화에서 중심적 이벤트로 자리 잡게 된 데에는

우리 시대 스캔들, 연애의 발견과 가족의 탄생

자본주의의 기획과 무관하지 않다. 최근에 나온 연애관련 서적들을 살펴보자. 『연애소설』금성일기, 북폴리오, 2006, 『제인 오스틴의 연애론』Henderson Lauren, 예담, 2006, 『연애의 정석』송창민, 해냄, 2006, 『그냥 연애만 하자니까!』석경근, 선영사, 2006, 『연애시대』야택상, 소담, 2006, 『연애의 목적』한재림, CJ엔터테인먼트, 2005, 『연애본능』임경선, 더북컴퍼니, 2005, 『연애의 기술』정순희, 이대출판부, 2005, 『연애를 잘 하는 여자』김재욱, 매션툴, 2005 등. 이에 앞서『나에게는 두 남자가 필요하다』Rellin Martina, 마음산책, 2002와 같은 파격적인 제목의 서적은 기존의 연애와 사랑, 결혼의 의미를 새롭게 환기시키는 균열점이 되기도 했다.

연애와 관련된 영화도 봇물 터지듯 쏟아졌다. <연애술사>2005, <연애의 목적>2005, <작업의 정석>2005, <내 남자의 로맨스>2004, <달콤살벌한 연인>2006, <연애>2006 등.

이 글은 '연애', '로맨스' 우리시대의 키워드가 문학과 영화 속에서 어떤 방식으로 재현되는가 하는 것을 살핀다. 연애를 둘러싼 대중문화 생산과 문화실천, 문화매체 소비의 의미들을 따져 묻고자 한다.

연애의 시뮬라크르모방, 쿨의 정치학

조선일보에 연재한 정이현의 소설 『달콤한 나의 도시』2006는 현대도시청년들에게 큰 반향을 불러일으켰다. 미국 텔레비전 드라마

사랑은 무브 Money, Orgasm, Variation, Energy

<섹스 앤 더 시티>처럼 후기소비자본주의 사회를 살아가는 도시청년들의 현대적 연애는 새로운 '쿨'의 문화를 담지한다. 연애편지가 휴대 전화와 SNS 혹은 채팅문자로 대체되자 연애도 쿨한 스타일이 되었다. 나르시시즘과 개성화의 한 방식이 되었다. 매체가 주체형성을 변화시켜버린 것이다. 신경숙 소설 『풍금이 있던 자리』1993에서 보여주는 '연애편지'는 이제 고정이 되어버렸다.

정이현의 소설 『낭만적 사랑과 사회』는 지금까지 여성 주인공들이 대면해오던 '낭만적 사랑'을 어떤 방식으로 굴절시키는가. 소설은 교묘하고 아이러니하게 사랑의 위장술을 보여준다. 1990년대 은희경은 『그녀의 세 번째 남자』1996에서 냉소적 허무주의로 낭만적 사랑을 조롱했지만 낭만적 정념에 대한 궁극적 염원을 전제하고 있었다. 전경린은 『내 생애 꼭 하루뿐인 특별한 날』1999에서 불륜을 여성적 해방과 사랑쟁취의 한 방편으로 삼고자 했다. 이들은 숭고한 사랑을 찾고자 했다.

그러나 결혼 이데올로기의 입장에서 보면 낭만적 사랑은 여성에게 결혼과 가족로망스를 학습시킬 뿐이다. 여성을 가부장적 제도 속으로 편입시키기는 기제로 작용한다. 근대사회에서 '낭만적 사랑'이 오히려 제도적 관습을 공고히 한다.

초기 자본주의 사회에서 사랑은 개인적 열망의 구현이었다. 가부장적 근대 결혼 제도는 배타적 소유욕을 만족시켰다. 그러나 낭만적 사랑이 결혼이란 제도 속으로 들어오는 순간 사라진다는 것을

우리 시대 스캔들, 연애의 발견과 가족의 탄생

알게 되는 데는 얼마의 시간도 걸리지 않았다. 하여 "아내를 첩처럼 사랑하는 것보다 더 수치스러운 일은 없다."[5]라는 말. 그렇다. 결혼제도 안으로 들어가면 낭만적 사랑은 사라지니까. 배타적 성관계의 엄숙한 약속과 경제적 의무와 보호만을 하사받을 뿐이니까.

정이현 소설의 여성 캐릭터는 낭만적 사랑을 추구하는 지금까지의 여성 주인공과 다른 유쾌한 반란자의 모습이다. '낭만적 사랑'을 제도적 결혼으로 연결짓는 근대의 로망을 뒤집어 놓는다. 정이현의 여자 주인공은 남성들이 사용하는 '사랑'이란 말을 조롱한다.

_『낭만과 사랑과 사회』, 15~16면 중에서

하여 『낭만적 사랑과 사회』의 '유리'는 오히려 낭만적 사랑을 무기로 철저히 거래적 관계를 도모한다. 성과 먹이물질의 교환이라는 원시사회 이래 지속된 남녀 사이의 거래를 철저하게 전략화 한다. 유리는 평범한 가정의 맏딸로서 청순하고 맑고 투명한 유리glass의 이미지, 순결이미지를 상징한다. 유리는 자신의 처녀 이미지로 남성 욕망을 사로잡으려 한다. 하지만 실제 유리는 하룻밤에도 두 명의 남자와 데이트를 하고 스킨십과 오랄 섹스를 마다하지 않는 대범한 여성이다.

사랑은 무브 Money, Orgasm, Variation, Energy

순결한 처녀성은 남성으로 하여금 정신적 욕망을 불러일으킨다. 처녀성은 한 번도 밟아본 적이 없는 첫눈의 표면이다. 침범 불가능한 숭고한 것에 대한 열망을 상징한다.

홍상수 영화 <여자는 남자의 미래다>에서 후배유지태는 오랜만에 만난 선배김태우에게 자신의 마당에 온 첫눈을 처음 밟을 수 있는 기회를 선물로 주겠다 말한다여성의 처녀성을 선배에게 선물하겠다=바치겠다는 남성마초 의리문화에서의 헌납. 한 번도 잠자리를 한 적이 없는 애인성현아이 다른 남자와 강제로 성관계를 맺게 되었다는 고백을 듣게 되는 순간

남자김태우는 여자성현아와 곧바로 성관계를 맺고 그녀를 떠나버린다처녀성을 잃은 여자는 어차피 버릴 여자니까 얼마든지 성관계를 맺을 수 있다고 생각하는 방식. 남성은 여성이 처녀성을 간직할 때 가부장적 결혼제도를 완성시킬 수 있다고 생각한다.

『낭만적 사랑과 사회』에서 유리는 여성에게 강제된 순결이데올로기를 오히려 전술로 삼으면서 '순결'을 상품으로 제시한다. 청순하게 보이기 위해 "흰색이나 파스텔 계열의 원피스를 입고, 머리를 정성껏 드라이하여 어깨쯤으로 찰랑거리게 하고, 말을 많이 하는 대신 수줍은 미소를"27면 짓는다. 조신하고 얌전한 숙녀의 표정을 '연

우리 시대 스캔들, 연애의 발견과 가족의 탄생

기'하는 방식은 가부장제가 강요한 '여성적인 것'이 얼마나 허위적일 수 있는가를 전면화하면서 남성욕망을 조롱한다. "새침한 척" 키스 때 입을 아주 약간만 벌려주면서, 몸 위에 엎어지는 남자애의 어깨를 밀어내며 "더 이상은 안 돼!"라고 내숭을 떨면서. 짐짓 과장된 동작으로 손목시계를 내려다보며 "어머 큰일 났네. 통금 시간 다 되어가잖아."라고 호들갑을 떨면서.

낭만적 사랑에 대한 일말의 희망마저 버린 채 여성은 물질적 욕망만으로 자신의 존재감을 회복할 뿐이다. 유리가 끝까지 팬티를 사수한 것은 "마침내 내 인생 스물 두 해를 걸고 배팅해볼 만한 남자"를 잡기 위한 고투였던 셈이다. 연애는 소비문화의 향유를 위한, 혹은 순결을 가장한 채 결혼사업을 완성하기 위한 하나의 '목적'이나 '기술'이 되어 버렸다.

동시에 연애는 '폼'이거나 '나르시시즘'의 완성이다.

> 차가 없는 남자애는 피곤했다. 우선 폼이 안 났다. 대학교 3학년이나 된 이 나이에 아직도 강남역 뉴욕제과 앞, 압구정동 맥도널드 앞 같은 곳을 약속 장소로 정한다는 건 쪽팔리는 일이었다. 게다가 데이트를 끝내고 집에 갈 때는 또 어떤가?
>
> _12면 중에서

우선 연애를 하기 위해 선루프를 활짝 열어젖힐 '은색 스포츠카'가 필요하다. 서울의 야경을 볼 수 있는 한적한 곳을 알고 있어야 하며 면세점에서 산 진짜 루이뷔통 백을 선물로 주기도 해야 한다.

사랑은 무브 Money, Orgasm, Variation, Energy

도시적 연애에는 '낭만'도 '돈'이 드는 것이다. 여성들은 가부장제적 남성논리를 교묘하게 이용하면서 자본주의의 행복한 수혜자가 되기를 원한다. 여성들은 물질적 욕망을 충족시킬 수 있는 가장 손쉬운 방법으로 '연애'를 선택한 것이다최근 대중문화에서 불거진 '된장녀'와 '고추장남'의 논란을 상기해보자. 이러한 "연애에서의 소비는 여성들의 사회적 경제적 독립이라는 사회적 조건이 미숙한 상황에서 일어나는 또 하나의 전략이라는 데 있다".[6] 낭만적 사랑은 자본주의와 손쉽게 공모함으로써 사랑과 연애의 도취학을 만들어낸다. 상품과 소비행위로서 연애는 감동적이고 아름다운 낭만의 각본을 완성한다.

그러나 이러한 물질자본주의적 욕망을 충족시키기 위한 연애의 정치학은 또 다른 반전의 아이러니를 준비한다. 소설에서 유리잔처럼 조심스럽게 간직한 여자 주인공의 '순결'이 결혼상대자로 생각했던 조건 좋은 남자와의 첫 잠자리에서 처녀성을 상징하는 어떤 혈흔도 남기지 않게 되자 여자는 당황하게 된다.

> 그런데.
> 아무것도 없다! 타월 위에는 한 점의 핏자국도 남아 있지 않았다. 아무리 봐도 순백의 시트 위는 깨끗하다. 머릿속이 온통 까매지고 정신이 아뜩해져 온다. 어떻게 이런 일이 일어날 수 있단 말인가. (…중략…) 나는 입술을 깨물고 시트 위에 천천히 커버를 덮는다. 그의 목소리가 귓전에 먹먹하다. "너 되게 뻑뻑하더라."
>
> _33면 중에서

결말에서 갑자기 남녀는 서먹서먹한 관계가 되고 만다. 작가는 남성가부장제에 대한 여성 화자의 전략을 다시 한 번 난센스로 만들어 버린다. 현대적 연애를 우스꽝스럽게 희화화한다.

하여 '낭만적 사랑'과 '순결한 결혼'이 여성에게는 철저한 '연기술'이 되었다는 사실을, 그렇게 하여 가부장적 제도에 저항하는 생존전략이라는 것을 작가는 보여주고자 한다. 멜로드라마적 로맨스에 대한 완벽한 배신과 위장이다. 지금까지 여성작가들의 저항방식과 구분되는 새로운 역 담론의 방식이다.

> 주차장까지 걸어 나오는 동안 그는 내 손을 잡아주지 않았다. (…중략…) "참, 줄 게 있었는데. 잊어버릴 뻔했네." 그는 뒷좌석에 손을 뻗쳐 쇼핑백을 집었다. 실내등을 켜자 황갈색 쇼핑백에 선명히 아로새겨진 루이뷔통의 로고가 드러났다. (…중략…) 짝퉁이 아닌 진짜 명품을 갖는 것은, 난생처음이었다.
> "비싼 거 아니니까 부담 갖지 마. 면세점에서 그냥 하나 사났던 거야." 높낮이가 없는 목소리였다. (…중략…)
> 조용히 운전에 몰두하고 있는 그의 옆얼굴이 어쩐지 낯설게 느껴져서, 나는 마음속으로 황급히 고개를 저었다. 아니다. 누가 뭐래도 그는 내가 사랑하는 사람이다. 우리는 서로, 사랑하는 사이다.
>
> _33~35면 중에서

가부장제적 강압의 논리를 역이용하는 연기술로 『낭만적 사랑과 사회』는 사랑을 반낭만화한다. 낭만적 사랑은 없는 것이다! 사랑이라니!. 사랑은 없고 '연애'만이 있다. 연애의 시뮬라크르만이 있다.

사랑은 무브 Money, Orgasm, Variation, Energy

김영하 소설 『거울에 관한 명상』이 섹슈얼리티 관계에서 배신의 심리학을 교묘하게 보여준다면 연애의 배신을 다루는 영화로 <연애의 목적>2005이 있다. 로맨스영화는 남녀가 동일한 상처를 가지게 될 때 비로소 서로가 진정으로 사랑을 시작하게 된다는 고전적 낭만성으로 결말을 맺곤 한다. 그러나 이 영화의 독특한 지점

은 도시남녀가 습관처럼 연애를 시작하지만 연애가 끝날 무렵 배신의 정치학이 준비된다는 것을 통렬하게 보여준다. 반로맨스다.

껄렁한 고등학교 교사인 유림박해일은 조개탕을 먹는 교생 홍강혜정을 앞에 두고 "조개 잘 먹네…… 난 다른 조개 먹고 싶은데……"라고 짓궂은 성적 농담을 함부로 한다. 여성은 자신의 속내를 숨기며 조신함을 드러내고 남자는 뻔뻔스러운 '작업(?)'을 시도하면서 여자 주변을 맴돈다. 엄숙하고 점잖은 학교 선생의 직업적 특성을 생각할 때, 유림이 "저 젖었지요?"라고 노골적인 말을 뿜어낼 때 낭만성의 우아함은 온데 간데 없이 사라진다. 적당한 타협과 비겁함과 우회적 어법으로 보수성을 지키고자 하는 학교 선생은 교생을 끝없이 집적대고 성추행한다. 유림은 홍과 대낮 모텔에서 섹스를 하면서 홍을 빨고 핥으면서 "졸라 맛있어."를 연발한다. 저 저급함의 극치는

우리 시대 스캔들, 연애의 발견과 가족의 탄생

로맨스의 고상함과 우아함을 즉각적으로 날려버린다. 기존 로맨스 영화에서 보여주는 애절한 사랑의 그리움 따위는 없다. 유림도 홍도 결혼할 약혼녀, 약혼자가 있음에도 불구하고. 작업은 성공하고 섹슈얼리티는 극에 달한다. 이들은 현실적 책임과 의무에서 자유로운 '연애'를 하는 것이다.

그러나 그들의 관계가 학교 내에 탄로가 나자 남자는 여자의 과거 누명과 같은 추문을 재이용한다. 격분한 여자는 남자를 성추행범으로 고발한다. 달콤한 연애가 탄로 나면 연애는 추문스캔들이 된다. 추문은 상대를 가해자로 비난하는 배신의 서사를 만들어낸다. 낭만적인 것이 얼마나 폭력적인 것으로 급선회할 수 있는 것인가

사랑은 무브 Money, Orgasm, Variation, Energy

를, 연애의 로맨스가 얼마나 이기적 자기안위 안에서만 가능한가를 보여준다. 자유롭고 쿨하게 약혼자를 두고도 다른 여자와 얼마든지 섹스하고 싶다는 작업남은 결국 학교와 사회제도라는 지배질서의 논리 안으로 수용되게 된다그들의 연애가 발각되는 순간. 남성지배논리의 보수성으로 회귀한다.

여자는 유림과의 연애 사건 전에도 이미 유부남 선배로부터 소문의 폭력을 당했다. 그로 인해 '남녀사랑'에 대한 깊은 상처를 체험한 바 있다. 여성을 맴돌고 있는 확인되지 않는 소문이 얼마나 여성에게 광포한 폭력이 될 수 있는가를 알고 있는 상처 입은 여성은 이번에 오히려 남성을 성추행범으로 반전시킨다. 연애는 그야말로 남녀의 심리와 육체를 가지고 게임을 벌이면서 서로를 탐하고 해하는 심리적 정치학이 된 것이다.

연애가 비밀스러울 때 달콤하지만 탄로 나는 순간 연애는 공적 담론으로 재구성된다. 정치적 공방으로 치닫게 된다.

이러한 남녀 관계의 지리멸렬함, 로맨스의 궁상을 단숨에 날려버리는 것이 '쿨Cool'이다. 쿨은 섹스와 정치에 대한 냉소주의를 전제한다. 기성세대의 일상적 삶을 비난한다. 성에 대한 고정관념, 결혼 이데올로기에서의 순결의식과 배타적 소유욕, 청교도적 노동정신과 진보의식을 일순간에 비웃는다.

1970년대 미국은 종교적 윤리와 금욕이 쇠퇴한다. 피임방법이 개발되면서 혼전 성관계가 자유로워진다. 섹스와 출산을 분리된 것으로 인식하게 되었다. 1960년대 록 가수들의 반문화적 이미지는 쿨 섹스를 확산시키는 역할을 했다.[7] 쿨문화는 1960년대 반항적인 반전 히피 문화와 연결되면서 미국의 청교도주의의 전통에 맞서고자 한다.

이와 같은 일탈과 반항의식이 잠시 반향적 지위가 힘을 잃었다가 최근 후기 소비자본주의 시대에 새로운 메커니즘으로 등장하기에 이른 것. 쿨 섹스는 순결, 결혼 이데올로기, 성에 대한 고정관념을 벗어나기를 희망한다. 가부장적 섹스를 외설이라 규정하면서.

한국사회에서 대중문화는 1990년대 이후 신세대문화오렌지족, X세대문화가 등장하면서 전통적 성관념과 초기자본주의의 근로의식을 넘어서려 했다. 유희와 쾌락주의, 나르시시즘의 개성적 라이프스타일을 구가하기를 원했다. 이것은 매스미디어의 확산과 디지털 매체 기술의 급속한 발전과 관련이 있다. 이제 '사랑'은 연대를 위한 하나의 '도구'로 전락했다. 낭만성이란 스스로의 나르시시즘을 충족시키기 위한 과장된 외양에 불과한 것이 되었다.

영화 〈작업의 정석〉은 희대의 작업녀와 작업남이 만나 선수들의 기싸움을 보여주는 영화다. "어머니는 말하셨지, 12월엔 건져라"〈작업의 정석〉 광고 카피 그렇지만 이런 카피도 있다. "아버지는 말하셨지, 인생을 즐겨라"현대카드 광고카피 어머니가 연말까지는 결혼상대를 구하라고 말할 때 아버지는 인생을 즐기라는 권유를 한다.

'꼭 찍은' 상대방을 반드시 자신의 연인으로 만드는 작업녀 지원

사랑은 무브 Money, Orgasm, Variation, Energy

펀드 매니저과 작업남 민준건축설계사의 연애는 도식적인 청춘남녀로맨스와는 아예 거리가 멀다. 영화는 서로 갈등하고 다투다 사랑에 빠진다는 낡고 진부한 로맨틱 코미디의 관습적 결말 코드와도 멀리 떨어져 있다. 갖은 방법으로 상대를 유혹하고 조정하다 하룻밤을 보내고 나면 어김없이 우아하게 각자의 길을 가는 그야말로 쿨한 관계를 보여준다.

쿨은 개인주의의 새로운 양식이다. 소비민수수의의 시대 개인적 삶을 선택하는 한 방식인 것이다. 연애는 나르시시즘을 충족시키면서 감정적 낭만성에 대하여 역설적 초연함을 잃지 말아야 한다. 감정을 숨긴 채 역설적으로 냉정하게 행동하는 것. 도시적 세련됨이란 '전근대적 신파'를 벗어날 때 가능한 것이므로. 후기산업사회는 개인적 삶을 인공적 개인주의와 나르시시즘의 양식으로 이끈다. 라이프스타일에서 개인적 개성화와 문화주의를 만들어가는 것이다.

청년세대는 이제 모든 대중문화, 영상물, 매체만으로 나르시시즘을 충족시키기 때문에 굳이 감정적 소진으로 스스로를 구속하지 않는다. 쿨은 역설적 초연함을 가지며 남녀 관계에서의 쾌락과 즐거움을 찾고자 한다. 작업의 목적은 게임과 유희일 뿐 사랑이 아니기에.

우리 시대 스캔들, 연애의 발견과 가족의 탄생

하여 쿨한 쾌락주의를 위해서 도시적 호사취미와 세련된 문화교양의 포즈가 필요하다. 멋진 드라이브 코스를 안내할 스포츠 카, 와인을 마시는 고급한 레스토랑, 나이트클럽, 스위트룸에 가까운 호텔방, 스파게티를 만드는 고급한 키친 구조. 이러한 연애의 조건은 후기소비사회에서 연애를 충족시키기 위해 마련한 낭만의 인공성이다. 영상물은 관객들에게 도시자본의 호사스러운 귀족체험을 만끽하게 한다. 시뮬라크르로서의 연애체험을 하게 한다. 도시인들은 책에서 읽고 영상에서 본 연애를 실제에서 모방하면서 연애의 환각, 연애의 욕망을 만끽한다. 도시인들은 연애의 이미지와 환각을 살게 되었다. 쿨한 연애의 세련된 도시성을 즐기게 된 것이다.

올드미스와 내숭의 보고서

"서른 셋 넘은 여자가 좋은 남자를 만날 확률은 외계인에게 납치될 확률보다 낮다?〈올드미스 다이어리〉 이후 〈올미다〉" 삼십대 싱글녀에 대한 이야기가 코믹물로 만들어지고 있다. 영화 〈브리짓 존스의 일기〉에서부터 〈내 이름은 김삼순〉, 〈싱글즈〉가 있고 2006년 12월 개봉, 흥행에 성공, 언론에 호평을 받은 영화

사랑은 무브 Money, Orgasm, Variation, Energy

<올미다>가 그것이다.

삼십대 싱글녀가 문화적 트렌드로 떠오르고 있다. 뮤지컬 공연이 활황을 누리고 해외여행이 성황을 이루고 있다. 상품 고객의 대부분은 삼십대 싱글녀다. 커리어우먼 패션이 뜨고 칙릭소설이 범람한다. 미국드라마 <섹스 앤 더 시티>가 도시적 라이프스타일의 중요한 표본이 되고 있다.

한국의 삼십대 싱글녀들은 80년대 교육열 높은 부모 밑에서 성장했다. 어학연수, 배낭여행, 해외유학 등 다양한 글로벌 경험을 가지고 있다. 한국사회의 독특한 성별 관념에 문화적 격차를 느끼는 규群들이다.[8] 물론 대다수의 삼십대 싱글녀들은 영화 <싱글즈>에서처럼 비전문직 여성들이다. 이들은 굳이 독신을 고집하지도 않으면서 여전히 사랑과 꿈에 대한 판타지를 가지고 있다.

그러면 그 많던 싱아괜찮은 남자는 누가 다 먹었단 말인가? 그러니까 이렇게 된 것이다.

"우리가 열심히 공부하고 일하는 사이에 오직 결혼에만 불을 밝힌 기집애들이 쓸 만한 남자들을 다 채갔다니까. 새벽도서관에 한 번도 간 적도 없고, 독서는 패션 잡지 뒤적이는 걸로 대신하고, 자기계발은 성형외과 드나드는 게 전부인 줄 아는 여자애들이 남자들을 다 채갔다니까드라마 〈결혼하고 싶은 여자〉에서" 80년대 개방화 이후 글로벌 담론 속에서 여성들은 자기 일에 대한 성취욕이 증가한 데 반해 실제 한국사회에서 결혼제도와 관습은 별반 달라진 게 없다. 남자

우리 시대 스캔들, 연애의 발견과 가족의 탄생

들은 나이가 들면 들수록 더 어린 여자를 찾고기가 막혀, 이건 시대가 바뀌어도 정말 변하지 않네 예쁜 여자만 찾는다헉! 결혼하면 얼굴도 안 보고 살 거면서. 즉 글로벌 시대에 여성의 자기성취욕이 증대된 가운데 실제 남성들의 결혼관은 변화한 게 없다는 것이다.

하여 여성들은 여전히 '내숭'을 떨어야 하고 '조신'한 척해야 한다. '이 남성을 내 남자로 만드는 법'과 같은 여성잡지의 기획란은 가부장제 사회에서 여성 생존지침서의 역할을 한다. 어떻게 하면 귀여움을 받을 수 있을 것인가. 가부장제 사회에서 어떻게 하면 생존할 수 있을까.

영화 <올미다>에는 '할머니, 실업자, 남성 전업주부, 백수' 등 주변인이 등장한다. 감독은 소외층에 대한 소신과 소명감으로가 아니라 차별화 된 잣대로 주변부 삶을 다루고자 했다고 말한다. 그러니까 이제 폐인들, 백수, 올드미스, 할머니는 우리 시대 희극적인 아이콘이 되었다개그콘서트의 〈백수생활백서〉, 영화 〈마파도〉.

올드 싱글녀들은 내면에 숨겨진 로맨스의 열정, 성적 욕망을 거침없이 드러냄으로써 여성해방의 속시원한 카타르시스를 전달한다. 할머니들은 "인생은 빤스여~"라고 외치며 동네를 활보한다. 꽃무늬 팬티를 입고 엉덩이를 살랑살랑 흔들어가며. 삼십대 노처녀는 "내가 그렇게 만만하냐~"라고 외치며 울분을 토해낸다. 영화는 올드 싱글녀들에 대한 관습적이고 편견적인 시선에 전복을 꾀하는 듯하다.

남성들이 성적 대상으로 생각하는 여성은 전적으로 '젊은 여성'

사랑은 무브 Money, Orgasm, Variation, Energy

이다. 나이가 든 여성은 남성관념 속 '여성'의 범주에 해당되지 않는
다. 나이든 여성은 이미 여성이 아니라 중성이다. 이때 <올미다>에서
'늙은 여자'들은 스스로 욕망하는 주체라는 것을 자각한다. 영화는 여
성 성욕, 열정에 대한 솔직하고 새로운 인식을 가능하게 해주었다는
점에서 자기해방적이다.

　그러나 삼십대 노처녀 최미자가 지PD와의 로맨스를 꿈꾸면서 벌
이는 그녀의 '내숭'과 '망상'은 사춘기 소녀의 나르시시즘을 재현하
고 있다. 최미자는 지PD와 처음 단 둘이 술을 먹는 자리에서 곧바
로 둘의 결혼식을 상상한다. 찜질방에서 친구들에게 자기도취에 빠
져 지PD의 단순한 안부전화를 직접적인 관심의 표시라고 말한다.

우리 시대 스캔들, 연애의 발견과 가족의 탄생

미자는 로망스의 판타지와 현실을 구분하지 못하는 순진한 십대 사춘기 소녀의 원형이다. 여성의 낭만적 열정은 때로 과장된 비현실적인 이상으로 나타나 남성 앞에서 내숭과 자기기만의 과대망상으로 드러난다. 바로 이 지점, 즉, 자기를 철저하게 숨기는 내숭과 현실로부터 이탈된 망상이 관객들을 웃게 만들었으니, 관객들은 결국 자아상실에 빠진 사춘기소녀 같은 이 삼십대 노처녀의 어설픈 나르시시즘에 낄낄댄 것이었나(?).

왜 낭만적 열정은 현실이탈적인 과장된 판타지로 곧잘 번져 가는지, 가부장제 사회 속에서 나이든 삼십대 여성의 할 일은 "빨리 빨리 시집이나 가"는 것이어야 하는지.

영화는 상상적 쾌락을 통해 대중적 소비가 이루어지는 상품이니 낭만적 해피엔딩을 기대할 수밖에 없겠다. 하지만 영화 밖 현실에서 나이든 싱글녀들은 얼마만큼 가부장제에 포섭되지 않고 자유로울 수 있는지, 자기계발 의지와 풍성한 라이프스타일이 가족주의로 구성된 한국사회의 규율을 얼마만큼 뛰어넘을 수 있는지, 남성을 '꼬시는 법'은 예나 지금이나 여우같은 '내숭'과 청순한 '조신함'인지,

흥미로운 지점이다.

우리 시대 스캔들, 연애의 발견과 가족의 탄생

가족은 없다? 가족 로망스의 새로운 지평

쿨한 연애와 낭만적 감상인 내숭의 연애가 가부장적 결혼 전통 속으로 오면 어떤 방식으로 구현될까. 박현욱의 소설 『아내가 결혼했다』는 청교도적 결혼제도에 대항하는 충격적 제목으로 대중적 호기심을 자극했다.

가족은 개인의 영역인 동시에 인간을 사회적인 것으로 확대 재생산하는 과정이다. 가부장제와 자본주의와의 결합 속에서 성적 역할 분업을 공고하게 하는 과정이다. 결혼과 가족 구성은 한국사회에서 여성의 남성에 대한 종속을 완벽하게 수행하는 한 수순이다.

근대의 진보적 야만성이 급진화될수록 가족은 신성한 영지로 남는다. 여성, 가족, 어머니, 자식은 본질적이고 자연적인 근원적인 가치로 등치된다. 현대적 토템[9]이 된 것이다. 완전한 가족 로망스를 이루기 위해 여성은 척박한 남성 논리를 수용하면서 가족을 위한 전체적 희생을 감수해야 한다.

여성 희생을 담보로 가족제도가 유지, 구성된다는 점에서 현대 가부장적 결혼제도는 분명 반문화적이다. 가족에 대한 꿈이 악몽을 닮아가기 시작하자 이제 여성들은 발칙한 상상으로 반란을 꾀한다. 일부일처의 가족제도를 비웃으며 배타적 성적 소유개념을 조롱하기 시작한다.

박현욱 소설 『아내가 결혼했다』는 결혼제도로 완벽하게 한 여성

사랑은 무브 Money, Orgasm, Variation, Energy

을 묶어둘 수 있다고 생각하는 남성가부장 전통에 대한 완벽한 도전이다. 아내가 또다시 결혼하겠다고 하니 말이다.

나탈리 앤지어는 『여자 : 그 내밀한 지리학』[1999]에서 다른 남성들이 자기 배우자를 임신시키지 못하도록 남성이 배우자를 보호하는 것은 여러 여성과 성 행위를 하는 것보다 훨씬 효과적이라고 말한다. 여기서 결혼 제도가 탄생했다고 보고 있다. 이미 익숙한 사실이다. 결국 결혼제도란 수컷이 자기 종족과 혈통의 순수성을 유지하기 위한 것이라는 사실.

소설에서 덕훈은 회사일로 인아를 만나면서 설명할 수 없는 어떤 묘한 매력에 빠지게 된다. 그녀와 결혼하고 싶어한다. 하지만 인아는 결혼생활의 정착을 싫어한다. 인아의 대답은 간단하다. "복잡하게 얽히고 싶지 않아." 소설은 남녀 연애심리와 축구이야기를 겹쳐놓으면서 남녀 연애심리를 축구장에서의 각축으로 비유한다. 일테면 인아는 단 한 개의 공만이 들어오기를 바라는 골대가 아니다. 사람들은 한 사람만을 열렬히 사랑해 결혼하고 다시 지지리 궁상을 떨다가 결국에 이혼을 하고 마는 것이기에.

"남자 이름이 '토모아나'라고 했던가. 서른여덟의 나이에 열여덟 꽃다운 처녀 리페카를 보고는 한눈에 반해 버린 거야. 그 여자한테 지어 보낸 노래래. 1912년의 일이라던가. 이렇게 아름다운 노래를 받고 가만히 있을 여자는 없을 거야. 결국 그 둘은 결혼했지."
"그런 드라마틱한 사연이 있었구나. 어쩐지 노래가 애절하더라니."

우리 시대 스캔들, 연애의 발견과 가족의 탄생

_『아내가 결혼했다』 97면 중에서

낭만적 사랑은 모든 현실적 국면들을 극복할 수 있는 '초월적 기의'가 된다. '숭고한 근원적인 것'으로 신성화된다. 그러나 현실제도 속으로 들어오게 될 때 환각은 환멸로 대체된다. 사랑은 '이미지'이며 추상적 관념이기에. 그들은 숨겨져 있던 엄연한 실제계를 보게 되고야 만다. 그들은 사랑해서 결혼했다. 그리하여 그들은 오랫동안 불행했다…….

쿨하게 진행될 것 같은 이들의 연애는 마치 골키퍼를 향해 공을 차며 돌진하는 남성정력의 게임처럼 진행된다. 마침내 덕훈은 인아와 결혼한다. 행복한 얼마간의 시간을 보낸다. 하지만 아내는 다시 다른 남자를 만나고 그와 결혼하겠다 말한다. 사랑한다는 이유로. "나"와 이혼하지도 않는다. 역시 사랑한다는 이유로177면. 아내는 낭만적 배타적 사랑의 원리를 쿨하게 넘어선다.[10]

68혁명세대들은 "한 사람과 두 번 섹스를 하면 유명인사가 된다."고 생각하던 세대였다. 혁명이야말로 가장 큰 일탈이었기에. 그들은 성적으로도 가장 자유로워야 한다는 생각했다. 영화 <줄앤짐>, <글루미 선데이>에서 두 명의 남성과 한 명의 여성과의 스리섬 섹스가 전개된다그러나 걔들은 결혼하지는 않았잖아.

사랑은 무브 Money, Orgasm, Variation, Energy

　박현욱은 소설에서 낭만적 사랑, 즉 나는 너이고 너가 나인 몰각의 사랑은 언제든지 깨질 수 있다고 말한다. 나는 나이고 너는 너임을 확인하는 사랑의 방식, 즉 서로 다른 정체성을 인정하고 사랑의 유대를 공유함으로써 새로운 정체성을 이루어가는 '합류적 사랑'에 대하여 설명한다180~181면. 그렇다 치더라도 아내가 아이를 낳으면 그 아이는 누구의 아이란 말인가. 그렇다면 가부장적 혈연 전통에서 가족구성원은 새로운 의미로 정의될 지점에 놓인다.

> "어떤 집은 엄마가 없을 수 있고 어떤 집은 아빠가 없을 수도 있잖아. 그렇게 보면 어떤 집은 아빠가 둘일 수도 있다고 생각할 수 있지 않을까…….결손 가정? 가족 구성원 하나 없으면 결손 가정인 거야? 가족 구성이 이래야한다고 정해진 건 없잖아. 엄마나 아빠 중 하나가 없어서 결손 가정이면, 아이가 없으면 그것도 결손 가정이야? 그럼 할아버지, 할머니하고 같이 살면과잉 가정인 거야? ……결손 가정이란 말에는 편견이 숨어 있어……. 뭔가결여된 비정상적인 가정이라는 의미로 사용하는 말이잖아. 왜 꼭 다른 사람들을 비정상으로 만들어 놓고 자기는 정상이라며 좋아하는지 모르겠어."
>
> _『아내가 결혼했다』, 291~292면 중에서

　결혼이 각기 자신의 영역을 가진 남자와 여자, 그리고 일손이나 상속인으로서 환영받는 아이들로 이루어진 팀 작업이라는 개념은 붕괴되기 시작했다. 후기 산업사회에서 가족은 혈연적 전통을 고수하기 위해 여성이 자기희생을 하며 분열을 봉합하며첩을 받아들이며 이끌어가는 혈연 공동체가 아니다. 특정한 유형의 가족이 생겨나고

우리 시대 스캔들, 연애의 발견과 가족의 탄생

있다. 모두 함께 살거나 따로 사는 형태가 다양해졌다. 다양한 형태가 나란히 병존하게 된 것이다.[11] 소설 『아내가 결혼했다』는 낭만적 갈망으로서의 사랑, 성, 결혼, 가족에 대한 기존 전통에 대하여 탈낭만적 전도를 보여준다. 보호와 의존이라는 오래된 위계질서를 넘어선다. 가족은 자유롭게 시작하고 끝낼 수 있는 자유로운 계약이 되었음을 암시한다. 우호적 이혼이 가능해졌다. 전남편과 전처는 '친밀한 이방인'이 되는 것이다_{드라마 〈연애시대〉}. 가부장적 남성혈통위주의 가족체계에 극단적 반전으로서의 소설은 단순히 '우화'의 차원을 넘어선다. 현대가족사회의 새로운 '쿨'한 관계적 구성을 시사한다.

최근 영화에서 '가족'은 새로운 화두로 등장하면서 그 분열적 의미를 묻기 시작했다. 멜로와 원초적 근원으로서 고전적 문법을 따라간다_{〈안녕 형아〉, 〈인어공주〉, 〈어머니〉, 〈말아톤〉}. 동시에 균열하는 극치의 비등점으로 나타나기도 한다_{〈바람난 가족〉(2003), 〈간 큰 가족〉(2005), 〈조용한 가족〉(2003), 〈장화홍련〉(2003)}.

영화 〈가족의 탄생〉은 정과 치정으로 얽힌 끔찍한 가족멜로를 벗어난다. 감정주의를 벗어난다. 가족은 더 이상 자연의 산물, 사회적 물질적 유전 관계를 결정하는 친족관계의 의미가 아니다. 가족은 이제 혈연적 매개가 아니다. 동료적 친구적 '관계성'의 구성이라는 점.

사랑은 무브 Money, Orgasm, Variation, Energy

　이중 나선, 게놈^{genome} 분석, 유전자 교정법, 양성 수정과 단성 수정 등 테크놀로지는 진보했다. 모든 사회에서 지배적이던 어머니, 아버지 되기의 인류학적 혈연구성을 새로운 가능성으로 열어놓았다. 정부 감독 하에 전문가가 운영하는 영업소에서 냉동 보존된 배아의 구매가 이루어지고 있다. 혈연적 뿌리에서 자유로워지면 우리는 존재의 진공 상태로 돌아갈 수 있을까. 그야말로 '순수한' 연대적 사랑을 할 수 있을까.

　영화 〈가족의 탄생〉은 혈연을 벗어나서 사랑하게 될 때 오히려 자기 자신을 발견하고, 자기 자신이 되고, 연대적 동료애를 가지게 된다는 것을 보여준다.

　영화는 세 개의 에피소드를 옴니버스 형식으로 묶어 놓다 마지막 세 번째 형식에서 패치워크^{조각이불을 봉합하는 것}처럼 봉합한다. 서사의 이야기성을 종합적으로 이끈다. 이러한 봉합은 전혀 다른 세 개의 가족들 이야기가 하나의 가족으로 봉합되는 연대적 관계성을 드러내는 방식이다.

　미라^{문소리}와 동생 형철^{엄태웅}은 친구 같은 남매다. 방랑벽이 있고 무책임한 형철은 집 나간 지 5년 만에 집으로 돌아온다. 자신보다 스무 살 연상의 여인 무신^{고두심} 씨와 함께. 형철, 무신, 미라는 집에서 이상하고 어색한 동거를 하게 된다. 얼마 후 형철이 또다시 집을 나간다. 형철로 연결되었던 미라와 무신은 형철이 없는 집에서 서로를 도우며 살게 된다. 무신의 전남편과 전처의 딸인 채현을 자신

우리 시대 스캔들, 연애의 발견과 가족의 탄생

들의 딸인양 기르면서.

　두 번째 에피소드, 남자 없이 못사는 엄마김혜옥를 둔 현실주의자인 딸 선경공효진은 언제나 남자에게 상처만 입는 엄마를 이해하지 못한다. 선경은 정이 많아 사랑에 잘 빠지는 엄마를 푼수 같고 모자라 궁상떠는 연애를 한다고 생각한다. 그러나 엄마가 죽은 뒤 남겨둔 가방에 선경의 유년의 소품들이 쏟아져 나오면서 선경은 정이 헤픈 엄마와 화해하게 된다. 정 많은 엄마를 진심으로 이해하며 어린 경석엄마의 다른 아들과 함께 집에서 살림을 꾸려간다.

　청년이 된 경석은 기차에서 만난 여자 채현이 다정다감하다는 이유에서 연애를 시작한다. 그러나 정작 정이 너무 헤퍼 모든 사람들

사랑은 무브 Money, Orgasm, Variation, Energy

에게 너무 잘해준다는 이유로 헤어지려 한다.

영화의 마지막 장면에서 경석은 채현의 춘천집에 온다. 결혼할 남자가 여자 집에 오니 두 명의 나이 든 여자들미라, 무신이 있다.

"누가 어머니세요?"라고 물으니 여자 친구는 나이 든 두 명의 여자들에게 "엄마들" 하고 부른다. 그녀들이 씩 웃는다. 전혀 피가 섞이지 않은 세 명의 여자들은 다만 서로에 대한 사랑과 연민 속에서 관계를 유지한다. 새로운 가족을 구성한다. 형철은 말끝마다 습관처럼 "책임질게!"라고 소리친다. 하지만 자신의 삶이든 자신의 아내든 어떤 것도 책임지지 않고 집을 나가버린다. 피를 나눈 동생 형철이 누나 미라에게 오히려 무례하게 돈을 요구하고 막무가내처럼 생떼를 부리는 데 반하여 이들은 서로를 돕고 배려하며 보듬는다.

영화는 어떤 혈연적 관계도 없는 미래 가족 유토피아에 대한 판타지를 암시한다. 아버지도 없이 어떤 혈연적 매개도 없는 엄마'들'과 살면서 여자애채현는 오히려 남을 지나칠 만큼 도와주는 정 많은 여자가 된다. '선'의 상징으로 등장한다. 결손가정에 대한 우리의 편견을 여지없이 무너뜨린다. 채현은 기차에서 언제나 뜨개질을 하고 있다. 뜨개질은 정성과 수고가 담긴 애정 어린 선물의 상징이다. 이들은 상대방을 위해 뜨개질을 하고 담뱃불을 꺼주고 전구를 갈아 끼워주고 음식을 장만하고 음식을 먹인다.

영화는 일대일적인 독점적이고 배타적인 인간관계를 넘어서 타인 누구에게도 배타적이지 않은 연대적 관계성을 이야기한다. 극단

우리 시대 스캔들, 연애의 발견과 가족의 탄생

적으로 지향한다. 서로 함께 많은 시간과 경험을 공유하면서 상처와 기쁨을 나누면서, 비로소 사랑과 연민 속에서 '관계'가 만들어진다는 것.

이와 대조적으로 영화에서 유일하게 가장이 있는 단란한(?) 가족선경엄마의 애인인 유부남의 가정은 완벽하게 무너진다. 가장 아버지는 처와 자식들이 있는 데서 다른 여자를 사랑한다고 공식적으로 말한다. 이에 반해 어떤 핏줄도 섞이지 않은 세 명의 여성들이 만든 공동체의 관계는 완벽한 유토피아의 공간처럼 승화된다.

영화는 대안가족의 판타지를 추구하는 듯하다. 대안 가족을 이루기 위해서는 서로를 사적 친밀함으로 배려할 수 있는 형제애적 연민이 필요하다는 사실영화 〈프라이드 그린 토마토〉, 〈바그다드 카페〉, 〈안토니어스 라인〉 같은 여성 영화. 유사 가족의 모습은 최근 영화 <밀러언 달러 베이비>2005에서 감동적으로 처절하게 구현된 적도 있다.

이제 현대사회에서 이혼 그 자체는 전혀 새로운 것이 아니다. 새롭기는커녕 이혼은 현대적 사고방식의 전형을 드러내기도 한다. 독신, 결혼 전의 동거와 결혼, 다른 사람들과 함께 살기, 한두 번 이혼한 후 여러 가지 방식으로 부모 되기 등 다양한 선택이 남아 있다. 성별, 가족, 직업적 역할을 확립시킨 산업 사회의 구조는 무너져 내리고 있는 셈이다. 가족은 해체되는 동시에 새롭게 형성되고 있다. 매체 속에서 가족은 새롭게 탄생중이다.

사랑은 무브 Money, Orgasm, Variation, Energy

또 하나의 스캔들

현대 영상물과 드라마에서 남녀 로맨스와 연애는 여전히 궁극적 고전이다. 대중들의 일용할 양식이다. 영화 <시월애>2000, <그해 여름>2006, <가을로>2006, <건축학개론>2012 등. 대중들은 스크린 앞에서 마조히즘적 매질을 당하며 사랑의 고통에 눈물을 뿌린다. 사랑과 연애는 몰각적 환각과 소비로 현대 대중에게 완벽한 파시즘이 되고 있다.

사실 번져가는 연애이야기와 해체·생성되는 가족의 모든 이야기들은 어쩌면 추문, 스캔들인지도 모른다. 대중문화가 연애열풍에 빠져 있다는 것도 어쩌면 영상매체와 광고카피에 의해 새롭게 접수되고 학습된 일정의 스캔들인지도 모른다. 끝없이 연애를 유포하고 연애의 라이프스타일을 구현하는 것으로 자본의 상품소비를 적극화하는, 연애 권하는 사회가 퍼트린 또 하나의 스캔들일지도.

그러나 분명한 것은 연애의 사회학이 변화되고 있다는 사실이다. 도시적 연애의 새로운 세련됨을 구가하는 문화적 생산물은 연애와 사랑과 결혼에 대한 전략과 배신을 준비 한다영화 <싱글즈>(2003), <결혼은 미친 짓이다>(2003), <아내가 결혼했다>(2008), <걸프렌즈>(2009). 현대인들은 궁극적으로 낭만적 사랑이라는 숭고한 것의 기원에 대하여 회의하기 시작했다. 역설적으로 초연하게 도시적 세련을 구가하면서 쿨을 즐기고자 한다. 섹스는 진정한 인간이 되기 위한 과거의 열정에서 가볍게 성관

우리 시대 스캔들, 연애의 발견과 가족의 탄생

계를 갖고 빨리 이혼하고 구속되지 않는 관계를 만드는 게임처럼 변하기도 한다쿨 섹스. 해서 오히려 사람들의 마음은 병들고 너무 쉽게 진부해져 버리기도 한다. 현대인들의 생활 스타일이 소비개인주의의 작동방식으로 전화하고 있다는 것과 관계한다.

연애의 연기와 기술, 연애의 시뮬라크르 시대가 되었다. 영상물과 연애소설을 통해 도시적 연애를 학습하고 주인공과 동일시하며 연애를 모방한다. 적어도 여성들이 낭만적 사랑 하나로 일생을 헌신적 희생으로 몰아가고자 했던 가족로망스에서 자유로워졌다는 것은 확실하다.

2000년대 문학과 영화는 연애가 가지는 기존의 관습적 문법을 전복적으로 재구성하려 한다. 새롭고 현대적인 '사랑'의 관점을 구성하기 시작했다. 실제 연애가 아닌 '연애의 이미지'를 탐하면서, 연애를 하기보다 연애를 욕망하는 것으로 현대인들은 소비개인주의 시대, 문화적 낭만을 살아간다.

이것이 현대인의 '오르가슴'이다. 은색 스포츠카를 탄 남자아이와 하이야트 호텔에서 첫 밤을 치르고 나와 선물로 받은 면세점 '루이뷔통' 가방을 가슴에 안고 흥분할 때, 치마 안에 꽃무늬 팬티를 입은 할머니들이 자신감 있게 골목길을 활보할 때, 약혼녀를 두고 다른 여자와 모텔에서 '열나' 물고 빨고 할 때, 오르가슴은 완성된다. 쿨하고 낭만적인 연애의 시대다. 연애의 이미지 시대다. 자아는 이미지의 허위와 실제, 그 둘의 공존 속에서 새롭게 정체성을 구성한

사랑은 무브 Money, Orgasm, Variation, Energy

다. 배신의 위장술로, 위선과 연기의 전략으로 우리시대 '연애'는 일종의 강력한 정치학이 되어가고 있다〈결혼은 미친 짓이다〉.

이 가운데 '가족'은 새로운 해체·형성이 일어나고 있는 균열점이 되고 있다. 혈연이라는 끔찍한 관계성을 벗어나 '연대'라는 새로운 지형도가 마련된다. 가족은 없거나 혹은 형성중이다. 무수한 자아가 시니피앙처럼 떠돌자 관계는 더욱 자유로워졌다. 고착된 혈연성은 헐거워지면서 미끄러진다. 이제 사람들은 더 이상 착하기를 원하지 않는다. 쿨cool한 개인화와 웜warm한 연대의 시대가 된 것이다.

우리 시대 스캔들, 연애의 발견과 가족의 탄생

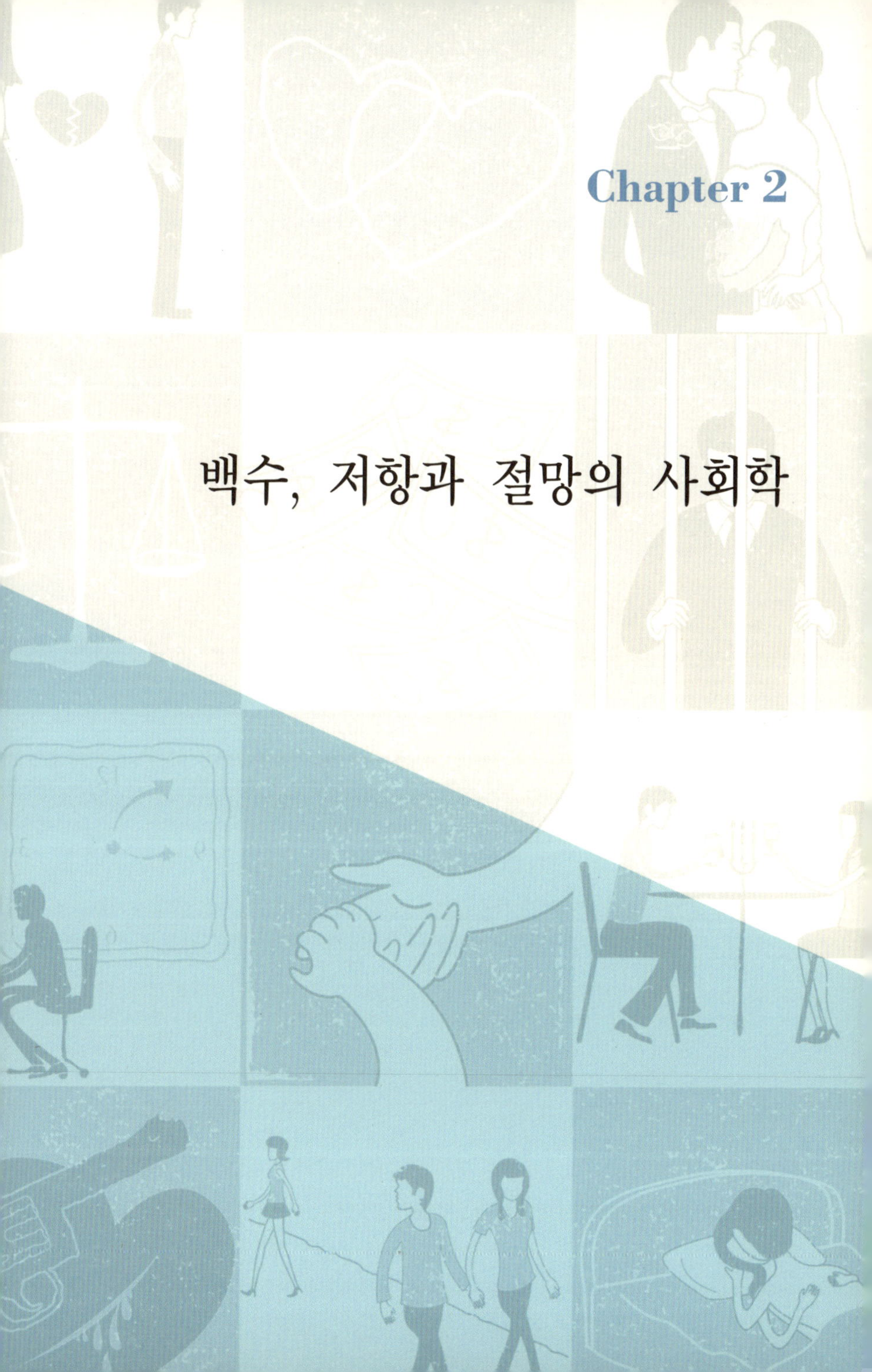

백수, 저항과 절망의 사회학

백수는 어떤가. 자본주의가 낳고 스스로 '잉여'로 치부한 그들이 오고 있다.
자본시장은 어떻게 그들을 고용하고 어떻게 노동에서 배제했는가.
'자발적 백수'의 유쾌한 반란은 가능한 것일까.

백수의 귀환

해가 중천에 떴는데도 파란 추리닝은 이불 속에서 자신의 그것을 만지고 있다. 다른 직장인처럼 아침 대신 선식을 먹고 가방을 챙겨 뛰어갈 필요가 없다. 추리닝은 몸을 몇 번 뒤척였다. 천천히 몸을 일으켜 눈곱을 후볐다. 헝클어진 머릿속을 벅벅 긁었다. 대여점에서 빌린 몇 권의 만화책과 봉지 채 뜯어 먹던 생라면, 편의점에서 사온 삼각김밥이 눈에 들어왔다. 그는 별로 할일이 없다고 생각했다. 그러다 불현듯 생각이라도 난 듯 플라스틱 슬리퍼를 질질 끌고 밖으로 나갔다. 털이 다 빠진 개처럼 추리닝은 동네 어귀 비디오 대여점에 당도했다. 그에게는 너무나 많은 시간이 남아 있었다. 잉여의 시간이.

최근 청년문화에서 트랜드가 '백수'이고 '폐인' 문화라는 것은 이미 잘 알려진 사실이다. 인터넷사이트에서 '백수' 동호인 모임^{백수회관 http://cafe.daum.net/backsuhall}이 생겨나고 전국백수연대^{대표 주덕한(38)}가 결성되었다. 이태백^{이십대 태반이 백수}라는 말은 옛말이 되었다. 이제는 이구백^{이십대의 90%가 백수}이 유행어로 자리를 이어간다. '십장생'이란 말은 '십대들은 장차 백수를 생각해야 한다'는 말.

1980년대 청년의 화두는 '민주화와 변혁'이었다. 1990년대 청년문화는 신세대문화를 주축으로 '탈주'의 정치학이었다. 80년대 변혁은

민중과 지배계급, 보수와 진보라는 대립적 이분법 속에 있었다. 절대적 투쟁의 자리였다.

90년대는 이분법의 경계를 넘어trance 분자화된 수준에서 논리의 탈주, 소수문화의 해방과 행위들, 근대사회의 체계적 균질성을 뒤집는 리좀적 움직임의 시기였다. 노동과 계급, 정치와 민족문제 외에도 성, 환경, 지역, 세대, 문화 등 새로운 사회운동에 대한 관심이 일어났다. 매트릭스와 같은 근대의 감옥에서 벗어나려는 새로운 주체구성이 기획되었다. 시민연대와 네티즌문화는 참여민주주의의 새로운 발판처럼 보였다.

그러나 인간 실존을 누르는 조직화의 압제 속에 2000년대 인간은 점점 테일러주의가 주장하는 멋진 신세계에서 멀어지는 것만 같다. 인간은 기계화와 조직화의 한계에 갇히게 되었다. 인간은 그들이 꿈꾸었던 모험의 환상을 잊어가는 듯하다. 가장 큰 유토피아, 위대한 종교는 현세에서 탈주하는 길. 인간은 일상적 삶과 실존의 과도한 무게에서 탈출하고자 한다. 사회적으로 엄격한 규율과 책무가 조직화될수록 텔레비전 광고는 외친다. "열심히 일한 당신! 떠나라!". 하지만 이젠 어떤 모험도 없다. 모험은 쇠진하고 불확정한 삶에서의 '막막함' 만이 미만하다.

노동시장은 글로벌 규모로 거대한 경쟁이 이루어지고 있다. 한국 청년들은 고용에 적합한 기능과 전문지식을 학교에서 충분히 학습받지 못한다. 청년들은 토익과 자격증취득, 어학연수 등 가외의 노

사랑은 무브 Money, Orgasm, Variation, Energy

력을 다한다. 하지만 개방경제와 고도 정보화 사회 가속의 변화 속에서 대졸자 정규직의 문은 좁아지고 있다. 한국사회는 거대한 백수그룹을 생산해내고 있다. 하여 젊은 폐인閉人, 廢人[1]의 증가는 청년실업률의 증가와 밀접한 관계를 가지고 있는 것이다.

대학을 졸업했지만 딱히 갈 곳이 없는 고학력 실업자군의 증가. 하루 종일 인터넷 사이트를 종횡무진하면서 댓글과 채팅과 게임으로 시간을 보내는 폐인들. 폐인생활에 필요한 돈은 한 달 3만 원 정도의 인터넷, 휴대폰 사용료와 약간의 전기료, 그리고 라면 90봉지면 충분하다. 하여 개그콘서트에서 백수는 전화통을 붙잡고 수다를 떤다. "일구야, 형인데…… 좀 안되겠니?"

근대자본주의 광기의 속도전에서 '백수'는 노동체계에 '노이즈'를 일으키는 일종의 '카오스'다. 백수는 일상의 견고한 방어벽을 넘고자 하는 근대인들의 낭만적 일탈이다. 동시에 자본주의의 보편적인 주체인 '노동하는 주체'에서 배제된 무능력자다. 노동의 사회적 실천과 근검절약, 이 합리주의적 노동정신에서 우리 모두는 노동으로 스스로의 정체성을 부여받는다. 명함 속에 사회적 정체성을 바코드로 입력한다. 하루의 일상이 일과 휴식으로 나뉘고 삶의 가치가 교환가치로 환원되며 일을 통해 자신 삶의 가치를 구체화하는 근대적 삶에서 '백수'는 근대의 반란이다. 동시에 근대의 몽상이다.

근대의 조직 안에서 질서화되지 않는 백수의 이미지는 이미 근대초엽에 나타났다. 근대자본주의 도래 이후 도시가 탄생하면서부

백수, 저항과 절망의 사회학

터 생겨난 일탈자였다. 도시화로 의해 공적 영역인 일터와 사적 영역인 주거공간이 구별되었다. 근대직업이 분화되는 과정에서 '실업', '실직'도 생겨났다.

지식이라는 환영, 지식인의 계보학

근대초엽 지식인들은 식민지 시기 상황에서 상당한 열패감을 만끽했다. 이렇게 된 데에는 근대적 지식의 습득에서 배태된 계몽의식과 그에 반하는 식민지적 현장에서의 열등민족이라는 좌절감이 컸다. 즉 조선지식인들은 그들이 공부를 하면 할수록 더욱 좌절감에 빠질 수밖에 없었다. 그들의 지식을 써먹을 직장도 없었고 조선민족은 더욱 열등한 미개한 민족으로까지 여겨졌기 때문이다.

봉건과 현대의 갈등 속에서 그들은 우선 봉건을 상징하는 조혼의 처를 버린다. 신여성과 연애하며 근대 문화 딜레탕티즘에 빠진다. 생산노동현장에서 배제된 식민지 지식인은 이상의 말대로 "박제된 천재"의식으로 나타날 수밖에 없었다.

그들의 라이프스타일은 카페에서 '커피'를 마시고 '축음기'를 듣는 문화적 세련을 영위하면서도 경제적으로 무능하여 무위도식하는 일상이었다. "직업소개에는 실업자들이 일터와 같이 출근"[2]했다.

하지만 이 "룸펜群은 비록 눈칫밥 먹고 찬 방에서 배를 깔고 원고료 업는 원고를 쓰고 잇슬망정 不遠한 장래에는 현실성이 충분히

사랑은 무브 Money, Orgasm, Variation, Energy

잇다고 확신하는 막연한 희망과 거기에 따르는 志操만은 가지고 잇다는 것이 똥구루마를 끌지 않고 '야끼이모(군고구마)' 장수를 하지 안는 그들의 배곱흔 품위와 체면을 간신히 설명해준다."[3] 룸펜들은 가난 속에서 자족하고 자위하는 삶의 방식을 지조와 하나의 '낭만'으로 생각했던 것이다.

좌절과 동시에 낭만적 가난을 자위했던 바는 이미 전근대적 안빈낙도나 유가적 선비의식에서 관념적 계승을 이어받았기 때문이다. 하지만 근대초엽 지식인의 좌절과 허무의식은 무엇보다 그들이 습득하게 된 근대적 '지식'에서 연유한다. 신소설에는 신교육을 습득한 인물들이 빈번하게 등장한다.

이인직의 「혈의 누」, 「모란봉」, 이해조의 「모란병」, 최찬식의 「추월색」, 「춘몽」, 「금강문」 등이 그러하다. 다수의 신소설 작품들에서 '공부', 즉 신교육의 습득은 주인공들이 구비해야 할 중요한 덕목으로 제시된다. 이인직의 「혈의 누」의 경우 기차에서 조선청년 구완서는 열한 살이 된 옥련에게 눈길을 주게 되는데 "그 계집아이 똑똑하다 재주 있겠다…… 여기서는 저런 것들도 모두 공부를 한다 하니."라고 하면서 공부한 듯한 그녀의 분위기에 관심을 갖는다.[4] 『대한그리스도인회보』 논설에서는 "남녀간에 갓한 학문으로 한 학교에서 공부하여야"[5]한다고 주장한다.

그러나 이들에게 신교육으로서의 '공부'는 실제적 삶에서 존재적 파멸을 예고하는 전제가 된다 나혜석의 예. 여전히 근대적 교육 '공부'를 주자학적 '관념론'으로 수용할 수밖에 없는 선험적 의식이 내재해 있었다. 즉 당시 일본 유학생이나 미국유학생의 명분은 조선의 후진성을 극복해야 한다는 것이었다. 하지만 선진 근대풍물을 대하면 대할수록 조선지식인은 그들이 습득한 '지식'으로 말미암아 철저하게 식민조선에서 배제될 수밖에 없는 상황이었다. 당시 지식인은 근대의 지식을 유가적 관념론 속에서 인문학적 계몽의식의 일환으로 받아들였다. 근대 지식이 식민지 조선에서 주체적으로 내재화되지 못하자 지식은 일종의 관념체계나 환영이 됨으로써 실제 삶에서 분리되었다.

실제 관비유학생으로 정규적 유학코스를 밟았던 이광수는 "세계에 이름난 사람이 되리라는 막연한 생각"으로 유학길에 오르게 된다. 외국유학이 근대초기 조선에서 유행이었다는 것은 당시 많은 신소설에서 확인할 수 있다. 근대 지식인들은 유행처럼 유학을 떠났고 '지식'을 습득해 돌아왔다. 하지만 그 지식은 유교적 관념론과 결합된 근대적 인문학이었다. 이로 인해 지식인들은 서서히 식민지 자본주의 효용적 세계에서 배제되면서 스스로 시대의 비판자로서 자위하는 처지가 되고 만다.

여기서 근대학문으로서의 문학, 근대지식인으로서의 '문인'에 대해 생각해볼 필요가 있다. 근대지식의 계보화 과정에서 문학은 근대 대학 학계에서 과목으로 인정받으려는 분쟁을 오랫동안 계속해왔다. 학계의 위계질서에서 자연과학은 절대적인 권위를 지닌 앎의

사랑은 무브 Money, Orgasm, Variation, Energy

방식으로 우위를 점하고 있다. 하지만 철학, 고전, 문학 등은 이미 '낡은' 과목으로, 근대제도 안에서 체계화하는 데 모두 실패한다. 문학은 대학 세계에서 가장 만만한 앎의 방식으로 여겨지고 있다.

이러는 가운데 문학은 전통적 지식, 고고학적이며 인문학적 교양이 되었다. 근대 인문학적 성찰은 '근대적 자아'로서의 인식적 주체를 의식하게 하는 것이었다. 하지만 동시에 근대적 분열감에 빠질 수밖에 없도록 작동하고 있었다. 기실 '근대적 지식'이란 효용적이고 기능적인 기술, 그리고 실제적으로 적용될 수 있는 지식 형식과 관계하기 때문이다. 근대 지식의 체계란 공학, 법학, 의학, 회계학과 같이 실용적 전문성을 갖추고 교환가치로 완벽하게 환원될 수 있는 효용성을 가져야 한다. 대차대조표를 만들고 통계적 회기분석과 경영학적 회계처리를 수행해내는 일 말이다.

1930년대 김유정의 집안은 아흔아홉칸짜리 대지주의 집안이었다. 서정주의 아버지는 '종"애비는 종이었다"―「자화상」'이 아니라 지주의 재산과 소작농들을 관리하는 집사였다. 이상은 백부에게 막대한 유산을 물려받아 카페를 차렸다. 오장환의 아버지는 객줏집을 하고 있었다. 당시 문인들은 최고의 지성인이었다. 외국 유학생들이었고 엘리트였다. 대부분은 아니었다 하더라도 문인들은 물적 경제적 토대를 가지고 있었다. 그들에게 '가난'과 '데카당'은 선진지식 속에서 일종의 '객기'와 같은 낭만이기도 했다. 그들은 전업작가처럼 '글'만 쓰면서 당대의 시대정신을 이끄는 담론의 중축이었다. 식민지 당시

백수, 저항과 절망의 사회학

문학은 곧 '국학國學'이었기 때문이다.

그러나 근대 지식의 가속화 속에서 '문학'은 지식의 계보학에서 '고고학'적 분류에 속하거나 효율적 기능을 돕기 위한 2차적 기능이 되었다. 인간과 삶에 대한 전반적 교양의 의미로 남게 되었다. 이제 문인은 시대 최고 엘리트도 전문지식인도 아니다. 시대정신의 논쟁적 담론을 이끌어내는 비평적 논객도 될 수 없다. 문학은 문예학으로서 소수 마니아들의 창작물이 되었다. 글쓰기 훈련을 위한 기능적 연습, 문화산업 서비스를 위한 오락과 쾌락의 영역으로 옮겨갔다. 때로 문인들은 아카데믹한 제도권 속으로 걸어 들어가 창작의 야수성을 거세한 채 공인이 되었다. 공인으로 재구성되지 못한 문인들은 완벽한 '백수'가 된 것이다.

문학이라는 백수, 백수의 문학

근대문학이 자본주의 형성기 부르주아가 구축한 권력의 아성에 도전하는 데서 시작했다는 점에서 문학은 자체 내에 생래적으로 '권력 부정의 존재학'을 함축한다. 그러나 19세기 형성된 문학의 장은 오늘날에 와서 완벽하게 권력장에 흡수되었다. 문학상을 휩쓸며 몇 십 만부 몇 백 만부의 판매기록을 낸 작가가 문학의 장에서 권력을 지니지 않았다 말할 수도 없을 것이다.

그러나 대부분의 전업 작가와 시인들은 도시노동자처럼 정규적

사랑은 무브 Money, Orgasm, Variation, Energy

임금노동 질서에서 이탈하여 살고 있다. 최소한의 삶의 품위를 유지할 정도의 최저임금으로 살고 있다. 정기적인 급료를 받지 못하고 지적 행위를 하는 룸펜프롤레타리아, 비주류 지식인들을 '자발적 백수'라 할 수 있을 것인가. 그러니까 '자발적 백수'는 근대기능주의가 요구하는 직능적 책무를 거부한 채 비효율기계로 스스로를 낙인찍는 자들이다. 그들의 지식이나 글쓰기는 근대적 효용가치에서 이미 폐기처분된 것들이다. 평론이나 문예창작, 그 글쓰기의 보상이라 할 수 있는 원고료, 부정기적인 특강료, 신문칼럼 원고료 등은 다 합쳐도 월 50만원을 겨우 채울 정도.

화약의 시대를 맞은 기사도처럼 무제한 복제시대를 맞은 판소리 소리꾼들처럼 작가의 지식은 이제 전근대 환영이나 자족적 신념일 뿐이다.

문학동네 신인상을 받은 이상운의 소설 『내 머릿속의 개들』[2006]과 오늘의 작가상을 받은 박주영의 소설 『백수생활백서』[2006]는 백수작가를 주인공으로 삼는 메타소설이라 할 수 있다. 작가들은 이제 스스로의 백수상태를 팔아먹기 시작했다. 백수 자체로 이 효용성의 세계를 공격하는 무기로 삼고자 한다.

이상운의 소설 『내 머릿속의 개들』은 일종의 우화적 풍자소설이다. 백수는 자본문명에서 저효율 불량기계로 전락한 지식인이다. 그는 완벽하게 효율성으로 구성된 현실세계에서 구조조정 당한 자이지만 가끔씩 자본물질과의 욕망 사이에서 투쟁하며 머릿속에서 개짖는 소리를 듣는다. 개들은 머릿속에서 끝없이 짖으며 욕망을 물어버리라 명령한다.

실직하고 반지하방에서 뒹굴던 백수 주인공은 "가정을 구조 조정해 달라"는 대학동창의 제안을 받게 된다. 자신의 뚱뚱하고 거대한 아내를 유혹해 자신과 이혼할 수 있도록 도와달라는 것. 실직을 한 남자와 뚱뚱한 여자는 현대 사회의 패배자이며 낙오자다. 실업자는 하루 종일 생각만 많이 하고 뚱뚱한 여자는 하루 종일 계속해서 먹을 것만 먹는다.

현대사회에서 인간은 결국 죽은 동식물의 시체들을 우적우적 씹어 먹으며 육체적으로든 정신적으로든 뭔가를 끝없이 소비하는 것만으로 존재감을 느낀다. 그들은 소비하고도 남는 '시간'과 '육체'를 가지고 있다. 그러니까 실업자든 뚱뚱한 여자든 그들은 효용적 자본사회에서 '존재의 낭비'인 것이다. 그들은 약육강식이 합리화되는 자본체제에서 '잉여'의 시간과 '잉여'의 살덩어리를 가지고 있다. 끝없이 상품을 집어삼키면서 인간들이 "허무한 탐욕을 위로"^{50면받을} 때 소비되지 않는 잉여들은 구조 조정되어야 한다. 그들은 생산성과 효율성의 사회에서 '구조조정의 대상자'이다.

백수의 말에 의하면 현대인은 오직 존재 A와 존재 B 두 부류밖에 없다. 존재 A는 '지금 실업자인 사람' 존재 B는 '조만간 실업자가 될 사람'. 현대사회에서 노동은 개인의 삶을 상징화하는 절대적인 규정인 것이다. 인간 행위들은 표준화되고 규격화된 노동으로

사랑은 무브 Money, Orgasm, Variation, Energy

평가되기에 우리 몸-지식-기계는 시간이 지나면서 점점 저효율로 평가된다. 늙은 몸, 낡은 지식과 기계는 일상적 소비재처럼 퇴출대상이 된다. 아니 이미 우리는 미래의 존재 A이거나 존재 B인지도 모른다. 실직이 설사 "순전히 부도덕한 제도의 탓"이라 할지라도.

하여 백수는 뚱뚱한 여자를 보면서 속으로 중얼거린다.

"당신의 육체는 추합니다."

탐욕의 에너지로 넘쳐나는 효율과 생산의 세계에서 비만과 실직은 문명의 음습한 분비물일 뿐이다. "남녀노소 가릴 것 없이 온갖 종류의 날씬한 효율주의자들이, 밤마다 어마어마한 양의 역겨운 비곗덩어리들을 몰래 내다버"리는 효용위주의 세계에서 백수 작가는 이 세계의 생존의 정치학이 얼마나 폭력적인가를 보여주고 있다.

박주영의 소설 『백수생활백서』[2006]는 대학을 나와서 책을 읽기 위해서 스스로 백수가 된 여자의 이야기다. "지금 나는 고정적인 직업도 없고, 결혼도 안 했고, 은행에 잔고도 거의 없고, 꿈꿀 사랑도 없다. 그리고 서른 살에도 이대로일 가능성은 농후하다 못해 거의 확정적이고 어쩌면 마흔 살에도 그리 다르지 않을지도 모른다. 망설이거나 혹은 더 생각해 볼 무엇이 없다. 최선의 상태, 최적의 상황 같은 건 이미 의미가 없어졌다. 나는 미래 따위는 생각하지 않을 것이고, 귀찮은 건 아무것도 하지 않을 것이다. 그래도, 그래서, 행복할 것이다."[48면]

하여 백수는 아버지한테 빌붙어서 그냥저냥 하루를 보낸다. 대신 여자는 거의 탐욕적 독서를 멈추지 않는 열성적인 독서학을 보여준다.

"또 책을 읽으면서 밤을 꼬박 새우고 말았다. 첫 장만 읽으려고 했으나 멈출 수가 없었다. (……) 책의 매혹은 언제나 잠의 유혹을 이긴다."[91면] 백수여자는 책을 읽음으로써 무한한 고독으로 은닉한다. 모든 존재에서 격리된 채 무한한 지적 열망으로 나아간다. "나는 내가 밑줄 그은 모든 문장을 기억한다. 그 문장들은 내 삶의 순간순간 재생되고 반복되고 변용된다. 푸네스처럼 나에게도 '이러한 기억은 단순한 것이 아니라, 각각의 시각적 이미지는 근육이나 체온 등의 감각과 연결되어' 있다."[90면]

책읽기의 황홀감은 일종의 성애학이다. 독자는 텍스트의 결 속으로 스며든다. 독자의 신체는 텍스트의 모든 꿈들이 되고 수많은 다른 텍스트들로 번져간다. 확장과 용해의 신체가 된다. 영혼의 매음처럼 텍스트 그 자체로 삶을 살고자 하는 백수 여자, "수십 권의 책이 또 내 삶을 지나가"[198면]고 텍스트 안에서 흥분하고 몽상하고자 하는 것. 그리하여 마침내 글읽기는 글쓰기를 잉태하여 소설쓰기의 방식으로 나아간다. 박주영의 이 책은 메타소설로서 소설가 작가가 책읽기를 통해 글쓰기로 나아가는 독서와 몽상의 연행기인 셈이다.

여기서 삶을 방황하던 친구 유희가 마침내 소설을 쓰겠다고 하는 장면, "내"가 유희에게 소설책을 선물하는 장면, 또 소설 쓰는 외할머니에 대한 회감을 살필 필요가 있다. 이를테면 "세상에 외할

사랑은 무브 Money, Orgasm, Variation, Energy

머니는 없을지라도 그녀가 남긴 책은 남아 있을 것이다. 그리고 내가 없더라도 내가 읽은 책들 중 어떤 것은 남아서 계속 살아나갈 것이다."와 같은 작가의 독백. 이와 같은 책과 글쓰기에 대한 신봉은 18세기 19세기 문학을 보호해온 가장 근본적인 가치들에 대한 신념과 연관이 있다. 즉 글쓰기와 신성한 소명과도 같았던 예술 창조 상상력의 예언적인 힘이다. 문학 텍스트의 완벽한 형식과 소통이 진실된 의미를 지닌다는 신념이다. 문학이 다른 어떤 기능적인 담론 형식보다도 인식론적으로 우월하다는 믿음이 잠재되어 있다.

이와 같은 믿음으로 문학은 모든 종류의 인간 활동을 자본화하는 후기자본주의와 대적하고자 한다. 책은 근대에 계몽이 실행될 수 있는 가장 보편적인 장소인 셈이다. 근대 공교육제도는 책을 통해 근대 국가 국민을 양성하고 근대 시민을 학습시켰다. 근대 이전의 책은 계급적 상징의 하나로 해석자에 의해 끝없이 이데올로기화되었지만 근대 이후 책과 글쓰기는 독자 스스로 계몽적 주체로 거듭나게 한다. 하여 작가들은 세계를 '거대한 텍스트'로 환치시켰다. 책을 읽고 책을 씀으로써 부조리와 모순의 세계를 비판하고자 하였다.

그러나 근대적 효용 지식과 정보를 가치로 판매하는 후기자본주의에서 책읽기는 어떤 의미를 지닐까. 박주영의 백수 여자는 오직 문학책을 읽고 책과 글쓰기의 세계 안에서 자신의 삶을 해석, 규정한다. 이 방식은 자폐적 나르시시즘의 전형을 드러낸다. 자본적 소모품과 달리 문학적 글쓰기가 오랜 시간의 시련을 견디며 불멸의 삶을 살게 될 것이라는 것은 '문학적 지식'인들의 근대적 몽상이다. 그러나 '읽히지 않은 책'은 '이 세상에 없는 책'이다. 문학이 이 시대 핵심적 담론으로 보편적 사유 체계를 이끌어낼 수 있다는 믿음 또한 근대적 자기 환상일 수 있다. 우리 시대는 보편적 계몽주체가 아니라 이제 내 자신이 "나"를 브랜드로 만든다. 자신의 삶을 연출하라 한다. 직업의 유목민이 되어야 한다. 조직 인간으로부터 벗어나 프리 에이전트 신지식인이 되어야 한다고 강변한다.

그러나 작가는 자신을 상품으로 트랜드화 하기는커녕 이 세상에서 이탈자로 남고 싶어한다. 일종의 '자발적 백수'다. 문인이란 터무니없는 공상과 몽상의 소유자다. 무료하게 방안을 뒹굴거나 여기저기 떠돌아다니는 부랑자이며 자유인이다. 병적인 낭만과 괴팍한 개성의 소유자들이다. 비현실적 상념들은 세상의 원칙과 엄밀히 구분되는 자기만의 세계를 만들어낸다.

아내는 직장에 간 시간
나는 자전거나 타면서 고작 지렁이도 익사를 할까
쑥부쟁이는 쑥과 뭐가 다른가 따위의 사소함을 붙들고 있다
몇 년 째 나는 아무 일도 하지 않았다
자전거 위에서 몇 편의 시를 구상했을 뿐
언제나 핵심을 피해왔다
시험 전날 만화방에 앉아 있는
목적지를 놔두고 샛길에서 해찰하는 아이처럼
아무 일도 하지 않는 자의 가슴엔 늘 쓸모없는 것들만 다녀

_유하, 「自畵像」 중에서

사랑은 무브 Money, Orgasm, Variation, Energy

시인은 "아무 일도 하지 않는 자"이기에 가장 "쓸모없는 것"들로 현실원칙을 벗어나는 '시'를 지을 수 있다 생각한다. 시인은 몇 년째 아무 것도 하지 않고 자전거만 타고 다녔다. 해서 시인은 자전거 위에서 몇 편의 시를 구상했다. 시인에게 노는 것이 시 쓰는 일이요 시 쓰는 일이 노는 것이다. 시인은 아무 일도 하지 않는 아이와 같다. 몇 년 째 아무 일도 하지 않는 실업자와 같다. 백수는 건달처럼 텅 빈 세상에 사소한 '한 풍경'을 완성하며 이 시대를 거쳐갈 뿐이다.

하여 사람들이 "어떻게 사세요?"라고 물으면 그는,

> 이것저것 청탁 받은 원고 쓰고
> 여기저기 또 꾸기도 하며 그냥
> 살지요 하며 나는 웃는다
> 원고 쓴 돈으로 꾼 돈 갚으며 말입니다
>
> _김영승, 「무소유보다 더 찬란한 극빈」 「永上 木炭畵」 중에서

라고 대답한다. 자본주의사회에 가난은 일종의 질병 같은 은유다. 누구나 피하고 싶은 고통이라 여겨질 때 시인은 오히려 가난이 무소유보다 더 찬란한 극빈이라 노래한다. 시인은 가난을 재산삼아 시를 쓰고 시를 써서 원고료 조그만 가난을 메워간다.

문학인들에게 가난 체험, 백수체험은 자본주의사회의 일탈자로서 혹은 주류 기성집단에 대한 저항적 타자로서 독설을 내뱉을 수 있는 자산이 될 수 있다. 신경증적 주체들은 자본주의 사회가 설치한

프로젝트, 노동하는 주체의 자기훈육에서 벗어난다. 체제거부자로서 산다. 세속적 쾌락주의에 대한 안티로서의 문화생산자이다.

그러나 '가난과 백수' 체험이 폐쇄적 나르시시즘에 함몰될 수 있다. 그들은 그들끼리만의 부족적 방언으로 내적 소통의 자폐성에 빠질 위험 또한 없지 않다.

학벌, 육체, 아이 / 어른, 노동의 타자들

문학인들이 스스로 '백수'의식에 빠져 자족적·전략적 저항기제를 형성하는 동안 한국영화는 훨씬 현실적 국면으로 진입해가고 있다.

임순례 감독의 첫 번째 장편영화 <세 친구>1996는 고등학교를 갓 졸업한 청년들 이야기다. 영화는 어떻게 그들의 꿈이 좌절되고 사회로부터 배척당하는가를 보여주고 있다.

고등학교를 졸업하여 "집안에 돈도 없고 백도 없고 그렇다고 공부를 잘 하는 것도 아닌" 이들 세 명의 젊은 남자아이들은 아이 / 어른의 경계에서 고민한다. '무소속'은 만화공모전에 투고하지만 떨어진다.

떨어진 자신의 만화를 베낀 만화가 책으로 출간된 것을 보고 분노를 느낀다. '섬세'는 여성스러운 섬세함과 다소곳함을 가지고 미용사가 되고 싶어 한다. 하지만 월남전 참전 용사였던 알코올중독 아버지는 대학에 진학해 출세하기를 원하고 있다. '삼겹살'은 삼겹살 구이 식당을 하는 집안의 내력대로 지나칠 만큼 비만한 살집을 가지고 있다. 그 이유로 아르바이트채용에서 번번이 탈락하고 만다. 이들은 대학 진학을 한 것도 아니다. 일정한 직업을 가지고 있는 것도 아니다. 이들에게 남아있는 것은 군사주의 체제로 남성성을 완성시키고 훈육시키는 '군대'를 가야 한다는 사실이다.

영화는 정성일의 말대로 한국에서 어떤 집단에도 소속되지 못한 남자-아이 / 어른의 육체가 어떤 방식으로 관리되는가를 보여준다. 어른 남성의 육체가 물신화될 때 남자-아이 / 어른의 육체는 비정상적으로 되거나 오히려 장애를 겪으면서 철저하게 사회로부터 분리된다. 사회로부터 폭력을 당한다.

'무소속'은 군대를 가지 않기 위해 각목으로 자신의 어깨를 내리친다. 먹물을 마시기까지 한다. 하지만 신검을 통과하여 입대하게 된다. 고교시절 교사의 구타로 청력에 문제를 가지고 있던 무소속은 군대에서 상사의 구타 때문에 청력을 모두 잃어버리게 된다. '섬세'는 나약한 여성스러움 때문에 동네 불량배에게 협박을 당한다. 마침내 게이가 되어간다. '삼겹살'은 군대를 가지 않기 위해 더욱 몸을 불려 마침내 군대입대에서 제외된다. 하지만 이미 불어난 몸

백수, 저항과 절망의 사회학

은 폭식증으로 이어진다. 자신의 삶을 억누르는 비대한 짐 덩어리가 된다.

이 사회에 어느 곳에도 소속될 수 없는 남자—아이 / 어른 백수들은 이미 이 사회에서 철저하게 격리되는 무용지물의 육체와 정신을 가진 자들이다. '무소속'은 선천적인 반항기로, '섬세'는 '여성적 몸매와 성격을 가진 남자'로, '삼겹살'은 지나친 '비만'으로 사회 구조 속에서 모두 패배한 육체를 가진 자들이다. 반항기와 트렌스젠더, 비만은 사회부적응, 사회적 타자, 낙오자들이다.

하여 감독은 이들이 가지고 있는 육체가 어떻게 사회의 부도덕 속에서 조롱당하는가를 보여준다. 기이한 폭력구조 속에서 어떻게 파멸 당하는가를 보여준다. 영화의 마지막 씬에 '무소속' 태우가 걸어 들어가는 어두운 시장 안은 그들이 앞으로 가게 될 깊은 터널과 검은 미래에 대한 암시라 할 수 있다.

한국에서 '군대'가 남성의 육체를 어떤 방식으로 '정형화'해 나가고 '정상과 비정상'의 표준들을 내재화해 나가는가를 영화는 지나칠만큼 건조한 관찰로 극단화한다. 극단적 리얼리즘은 공격적 허무주의와 다를 바 없다.

<세 친구>가 남성 삼인조 영화라면 정재은 감독의 <고양이를 부탁해>²⁰⁰¹는 여성 삼인조 영화라는 점에서 서로 짝패와 같은 의미를 지닌다.

<고양이를 부탁해>는 인천에서 여상을 나온 '여자―아이 / 어른'이 겪게 되는 현실과의 대면을 다루고 있다. 어른과 아이의 경계에서 현실 기성사회로 소속되기를 원하지만 배척당하는 소녀 / 여성들의 이야기다. <세 친구>는 한국사회가 남성의 육체를 어떤 방식으로 침식하는가를 지켜보고 있다면 <고양이를 부탁해>는 경계에 서 있는 소녀 / 여성들의 방황을 보여준다. 비주류 청년들의 삶과 일상에 주목한다.

태희는 맥반석 찜질방을 하는 가족들을 도와 전단지를 돌리고 카운터 일을 본다. 하지만 끝없이 인천을 떠나 배를 타고 다른 곳

으로 가기를 꿈꾼다. 지영은 병석에 누워있는 할아버지와 이가 없어 총각김치도 먹을 수 없는 할머니와 곧 무너질 듯한 판잣집에서 일자리도 없이 살아간다. 혜주는 집안 도움으로 증권회사 여사원으로 입사를 하지만 여상출신 여사원으로 급사와 같은 심부름을 하면서 서서히 자존감이 붕괴되어가는 좌절을 겪게 된다. 온조, 비류 자매는 자신이 만든 조잡한 액세서리를 골목의 좌판에서 어린 학생들에게 판다.

이들이 살고 있는 인천이라는 항구, 차이나타운의 화교들, 공장에서 일하는 얼굴 검은 제3세계 노동자들과 그들이 쓰는 낯선 이국어들, 항구로 끝없이 들어오는 입국자들, 밀항자들은 모두 경계나 경계이탈의 혼돈과 분열적 육체를 상징하고 있다. 서울도 아닌 인천에서 여고도 아닌 상업계 여자고등학교를 졸업한 소녀/여성들. 이들은 어느 곳에도 정박하지 못한 채 부유하고 방황하는 떠돌이와 같은 신세다. 주류와 대도시의 문명에서 거부당한 채 인천에서 가끔

씩 지하철을 타고 서울의 화려한 쇼핑센터에서 옷 따위를 쇼핑한다. 그러나 지하철 막차 시간을 놓치지 않기 위해 죽을힘을 다해 뛰어야 하기도 한다.

혜주는 생일날 지영에게 아기 고양이를 선물 받고 기뻐한

사랑은 무브 Money, Orgasm, Variation, Energy

다. 하지만 며칠 뒤 돌볼 형편이 못된다고 지영에게 다시 되돌려
준다. 지영은 다시 태희에게 고양이를 부탁한다. 태희는 외국으로 떠
나면서 온조 자매에게 고양이를 부탁한다. 추운겨울 고양이는 어디
에서 정착할 수도 없이 여기저기에 맡겨진다.

추운 날 이 소녀/여성들은 모두 함께 옥상에서 놀이를 한다. 실
수로 현관문이 잠겨 집안으로 들어가지 못하고 밖에서 떨게 된다.
이 모습은 어느 곳에도 소속되지 못한 채 겨울날 판잣집 지붕 위를
돌아다니는 아기 고양이 그 자체라 할 수 있다. 아기 고양이는 어
떤 교환가치도 가지지 못하는 순진무구의 미숙한 소녀를 상징한다.

백수, 저항과 절망의 사회학

경제 노동력도 없고 본인마저 일자리를 잃은 지영은 친구들을 찾아다니며 궁색하게 돈을 빌린다. 그러나 뜻밖에도 지영은 겨우 마련한 돈으로 새로 나온 최신형 '휴대전화'를 구입한다. 이 대목은 우리에게 매우 중요한 시사점을 던져준다. 당장 앞길이 막막한 생존의 지점에서도 청년들은 통신과 문화의 수단으로 자아의 정체성을 삼고자 한다는 것.

이것을 광고 산업에 흡수된 철없는 단순한 소비욕이라 할 수 없다. 청년세대에게서 휴대 전화는 세계와 연결되는 유일한 고리이다. 문화적 표징이다. 지영이 먹을 것보다 휴대 전화를 선택하는 것은 청년세대에게서 도시적 세련과 외양과 문화적 충족감이 무엇보다 중요하다는 것을 암시한다.

이들의 정보교환 욕구는 영화 내내 나오는 문자메시지 교환 방식에서 증명된다. 경제적으로 궁핍하면서도 높은 문화적 구매욕. 사회적으로 미숙하지만 문화적으로 조숙한 상황. 생활소비 수준은 어른인데 수입은 반#어른으로 독립도 아닌 의존도 아닌 어정쩡한 백수─아이─어른은 한국사회에서 '포스트 청년기'라는 새로운 라이프 코스를 예감하게 한다.

어떤 곳에도 부탁할 수 없는 고양이, 얌전한듯하지만 고독과 불안으로 잠식된 작은 영혼들. 그 불안정한 위치에서 한국 사회의 절망적 육체를 드러낸다.

백수, 저항과 절망의 사회학

　기계주의의 속도 속에서 살아가는 현대인들의 꿈은 오래전부터 '백수'였는지 모른다. '백수'란 말이 담고 있는 '저항'의 냄새와 '여유'와 '낭만'과 '일탈의 멋'을 탐하고 있는지도 모른다. 문인들은 실제 근대초엽부터 '백수'거나 '룸펜'이었다. 그들의 낭만적 반항기를 '객기'로, 문학의 부정 정신으로 양식 삼기도 했다. 그것은 테일러주의의 기이한 육체의 관리방식에 길들여지지 않으려는 야수성과 원시성의 징표이기도 하다.

　그러나 후기 근대를 살면서 '자발적 백수'를 선택한 '전업작가', '전업시인', '고학력 비정규직시간강사와 문학평론가, 프리랜서 등' 종사자들이 불안정하고 열악한 임금을 얼마나 견뎌낼 수 있을지는 의문스럽다. '지식'과 '정보력'을 갖지 않은 무산자 '구조적 백수'의 사회적 단절과 고립감은 더욱 심각하다.

　후기자본주의의 정신은 세속적 쾌락주의와 결합되어 텔레비전만 켜면 언제나 흘러나온다. "아버지는 말하셨지. 인생을 즐겨라~" 쾌락의 주체들은 그들의 쾌락을 위해 더욱 죽을 듯이 노동을 해야 한다work to death. 노동은 삶의 즐김을 위해 더 강도 높여 주체를 업그레이드시키려 한다. 세속적 쾌락주의는 역설적으로 노동적 타자를 배제하면서 노동주체를 더 극단적인 무한경쟁으로 나아가게 한다.

　이때 천박하고 경박한 '일벌레', '돈벌레'란 이름을 벗어나고 싶기도 하다. 현대인에게는 문화적으로 세련된 정신적 귀족적 이미지도 동시적으로 필요하게 된다. 높은 경제적 소득과 함께 개성 있는 소비감각과 예술적 고상함, 자유로운 정신을 유지하는 계급 '보보스^{부르주아와 보헤미안의 합성어}' 혹은 '오버클래스^{막대한 부를 축적한 후 40대 은퇴 후 문화적 교양으로 자신의 삶을 즐기고자 하는 계급}'가 그들이다. 후기 근대 노동의 훌륭한 표본(?)들이다.

그러나 이러한 노동 주체의 환상도 정치적으로 기득권자이다. 경제적으로 CEO인 386세대에게나 가능한 일인지 모른다. 일상적 업무 로드가 많은 데다 청년기에 IMF를 겪으면서 지독한 취업난에 시달린 297세대들에게는 부를 계승받지 않고는 절대적으로 불가능한 일이다. 경제구조의 불평등은 고스란히 세습된다. 계급적 불균형은 더욱 고착화된다. 386세대 담론은 운동권 후일담으로, 과잉 정치적 상징으로 이미지화되어왔다. '비판적 지식인 집단'으로 명명되어왔다. 그러나 문화적 신세대로 규정된 297세대는 감성 세대로서 안정된 소비주체라는 정의와 달리 청년 실업 사태의 원조격 세대가 되었다. 문화적 소비욕과 정보력은 높지만 '아이—어른'으로 포스트 청년기를 살아간다. 금융 위기 세대가 그 뒤를 잇고 있다. 백수 청년들은 신자유주의 무한 경쟁의 경제체제가 낳은 사생아인지도 모른다.

한국은 미국과 FTA^{자유무역협정}를 끝냈다. 농민과 임시직, 비정규직 노동자, 기업 퇴출자들은 거리에 서서 소리치고 있다. 한국 사회는

사랑은 무브 Money, Orgasm, Variation, Energy

주류에서 밀어낸 이 노동의 타자들을 어떤 방식으로 재배치할 것인
가. 문인들은 자본적 효용성이 결여된 글쓰기로 자본주의 인간형을
비판, 조롱하면서 탈주자로서의 자기 위악과 일탈을 언제까지 전략
화 할 것인가. 오늘날 한국사회는 느림의 일탈과 통신의 속도 속에
놓여있다. '저항과 절망'이 한 몸으로 섞인 백수의 사회학, 백수의
분열증을 앓고 있다.

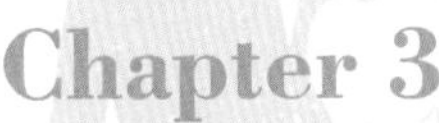

Chapter 3

핫! 캐릭터 열전

최근에 뜨는 캐릭터

캐릭터는 ‘산업’이 되었다.

‘캐릭터’를 만들어내는 시대, ‘캐릭터’를 만들어 돈 버는 시대다.

수많은 캐릭터가 우리의 ‘아바타’처럼 화면에서 움직이고 있다.

내 안에 있는 수많은 나 중의 하나임에 틀림없다.

아니 그것은 내가 욕망하는 한 대상에 대한 투사인지도 모르겠다.

엽기 야동 멜로 버럭

—이순재

노인 캐릭터에 대한 우리의 선입관은 고정되어 있다. 유교 전통 속에서 노인들은 '어르신'이라 불리면서 공경과 대접의 대상이었다. 연륜과 위엄의 상징이었다. '노인'은 '점잖은 체면'이 있어야 한다거나 '나잇값'을 해야 한다고 강요받고 있다. 이는 나이가 주는 선물이기도 하고 저주기도 하다.

1990년대 싱가포르 수상 이광요는 신자유주의 자본경제에서 동아시아의 경로의식은 동양적 온정주의와 함께 사본수의 발전에 가장 큰 걸림돌이 될 수 있다고 말했다.

그런 걱정이 노파심에 불과했다는 것을 확인하는 데는 십 년도 걸리지 않았다. 그 사이에 무슨 일이 있었나.

'노인'은 경로의 대상이 아니라 하나의 '문젯거리'가 되었다. 독거노인, 노인의 성, 노인 우울증, 치매노인……. 연금제도가 정착되지 않은 한국의 경우, 노인은 광 속에 아직 버리지 못하고 둔 구형 텔레비전과 같이 되어버렸다. 귀찮은 '헌 것'. 세상은 이미 '좋은 새 것'의 시대가 된 것이다.

시트콤 〈지붕뚫고 하이킥〉에서 이순재는 기존 '노인'에 대한 선입견을 하이킥으로 날려버렸다. 식구들에게 버럭버럭 소리를 지르질 않나, 회사직원 앞에서 함부로 방귀를 뀌지 않나, 식구들 몰래 야동에 빠지질 않나, 여자 교감과 연애를 하면서 과도한 남성성을 보이려 애쓰질 않나. 그는 점잖기는커녕 사춘기 진행형의 청년처럼 혈기충천하다. 무례하고 주책스럽지만 낭만적 연애를 꿈꾸는 낭만주의자다. 열혈노인의 등장인 것이다.

영화 <그대를 사랑합니다>에서 이순재는 열혈노인 캐릭터를 고스란히 보여주고 있다. 강풀 만화를 원작으로 하는 이 영화는 원작자의 말대로 <지붕뚫고 하이킥>에서 이순재를 한옥 동네에서 다시 구성해 낸다. 그는 만나는 사람마다에게 욕을 해댄다. 성질 더럽다. 시트콤이 아니니 함부로 방귀를 뿡뿡 뀌며 다니지는 않지만 방귀뀌기는 코믹물에서 필수적 미장센이다 멜로휴먼극답게 사랑에 빠진다.

스쿠터를 타고 새벽 우유배달을 하는 강만석 이순재 은 폐지를 모아 팔아서 먹고 사는 송씨 할머니 윤소정 를 만난다. 모든 이들이 잠든 새벽. 그들은 우유를 배달하면서 폐지를 모으면서 스치고 만나고 서로를 돕는다. 강만석은 이름 없는 그녀의 이름을 지어주고 사랑의 편지를 쓰고 생일케이크를 준비하면서 로맨스노인이 된다. 송씨 할머니는 연애를 시작하면서 글씨를 배우고 이름과 주민등록증을 얻게 되고 사랑의 편지를 쓰게 된다.

사랑은 무브 Money, Orgasm, Variation, Energy

이 영화는 사랑은 마법처럼 나이와 시대를 막론하고 가장 강력한 우리 시대 구원이라는 것을 보여주는 것인가. 우리 곁에 방치된 독거노인과 소외된 부모세대들의 사랑과 고독과 자살에 대한 영화인가.

그럴지도 모른다. 삶이 덧없는 것이기에 오히려 소중하듯 죽음이 가까이 와 있는 노인들이기에 '사랑'이란 더욱 값진 것이다. 모든 것들이 떠나고 오직 남는 것은 '사랑'이다.

그러나 '나이듦'이나 '늙은 부부의 사랑'이라는 이 진부하리만큼 낯익은, 손발이 오그라들 것 같은 닭살 소재거리가 50만이 넘는 관객동원을 하는 데에 다른 이유가 있다. 깜찍발랄, 엽기충천 '캐릭터'의 구성 때문이다. 즉 전혀 색다른 것들, 복합적인 것들

핫! 캐릭터 열전 • 최근에 뜨는 캐릭터

의 충돌과 결합이라는 캐릭터 때문이다. 욕쟁이 영감과 낭만 멜로와의 결합, 점잖은 노인의 야동 즐겨보기, 스쿠터를 타고 연애를 즐기기 등이 그것이다. 이 캐릭터 발굴로 인해 신파, 통속, 최루성 멜로의 단순 평면적 코드가 탄력 있는 입체성으로 구현된다.

1990년대 신세대란 말이 유행하면서 신세대 노인은 청바지에 빨간 티를 입고 젊게 사는 이라고 말해졌다. 언론은 연일 가만히 있는 노인들에게 청바지와 빨간 티를 입히려고 용을 썼다. 젊어 '보이는' 것이 중요한 것이 아니다. 체면이니 도리니 하면서 정직한 욕망을 억누르는 것이 오히려 속되다. 이것이 엽기 야동 멜로 버럭 이순재 캐릭터에 우리가 주목하는 이유다.

백조알 속의 오리알
—드라마 〈시크릿 가든〉의 박 상무

분위기 완~전 죽이는 오빠들이 나타났다. 영화 〈아저씨〉의 원빈에 이어 현빈이다. 드라마 〈시크릿 가든〉의 김주원 역 현빈은 현빈앓이란 신드롬을 일으키며 여자들 가슴에 '앙팡지게' 불을 댕겼다. 이 방화범은 불을 지르고 해병대에 입대해버렸으니 그 부재로 인해 여자들의 '염통'은 더욱 '뽀개지게' 생겼다. 영화 〈만추〉와 〈사랑한다 사랑하지 않는다〉는 현빈앓이에 힘입어 여성 관객몰이를 했다. 쭉 뻗은 '기럭지'와 선명한 남성 실루엣,

눈빛에 담긴 비밀스런 상처와 오만, 장난스런 자유로움과 우수에 젖은 고독. '사회지도층'의 서재는 단순한 졸부의 천박성을 뛰어넘어 지성과 교양과 매력으로 가득 차있다.

우씨~ 뭐야, 이건 완전 이기적인 유전자잖아. 얼굴만으로 광채가 뿜어져 나오는 신의 완벽한 창조물에 '뽕~갈' 정도가 되면 이 세상이 공평하다고 말하는 이의 턱주가리를 한 대 갈기고 싶다. 뭐 이래도 되는 겁니까. 그럼, 그럼, 소는 누가 키웁니까. 그러니까 우리의 '박 상무'는 무슨 '쓰따~일'로 살아가야 한단 말입니까.

백화점 사장에다 골프장, 레저타운, 수많은 부동산까지 소유한 재벌. 재벌의 후계자이자 백화점 젊은 사장인 김주원의 부하직원 박 상무는 그래서 맨날 '쫀다'. 자신의 조카뻘 되는 젊은 사장 앞에서 만날 '기어야' 하니까. 훤칠한 키에 잘 생긴 외모, 카리스마에다 예술적 지적 교양미까지 갖춘 사장은 만날 박 상무를 구박한다. "이게 최선입니까? 확실해요?" 하면서.

박 상무는 급기야 생각한다. "왕후장상의 씨가 따로 있나? 왜 나는 사장이 될 수 없는 거야." 그러자 드라마 작가는 말한다. "그래, 왕후장상의 씨는 따로 있거든." 박 상무는 사장 김주원의 약점을 캐기 위해 김주원의 주치의인 정신과 의사를 찾아가서 묻는다.

의사 : 언제부터 그런 현상이 있으셨죠?

박 상무 : 한 남자가 싫어지면서부터?

의사 : 어떤 남자죠?

박 상무 : ……젊고, 돈 많고, 키 크고 잘생겼어요…… 딱 하나 없는
　　　　게 있다면…… 싸가…… 지죠! 뭘 하면 자꾸 최선이냐 그
　　　　러구…… 그럴 때마다 저는…… 작아지는 저를 느낍니다.

의사 : : 싫은 감정뿐이세요?

박 상무 : 예?

의사 : 강한 동경일 수도 있지 않을까요?

박 상무 : ……!?(넋 나간 표정)

대대로 재벌에다 외국 유학에다 이태리 장인이 한 땀 한 땀
손수 바느질을 한 수백만원짜리 명품 트레이닝복을 입고 '결혼'
이야말로 '일생일대 최대의 인수합병'이라고 생각하며 임원회의
에서 자신보다 나이 많은 임원들을 보기 좋게 망신 주는 '왕싸
가지' 젊은 사장에 비해 박 상무는 어떤 자인가. 고졸 출신임에
도 회사에 들어와 죽도록 '삽질'해서 상무에까지 오른 입지전적
인 인물.

그는 젊은 사장을 내쫓고 갖은 힘을 다해 사장 자리에 오르고
싶어 한다. 자본계급 카스트제도는 왕권귀족계급사회처럼 곤고하
다. "서로, 섞지 마, 싸구려와 섞이면 변해."라고 오만하게 말하
는 재벌 오스카 엄마 앞에서, 회사에서 자리를 비웠는데도 자신
의 혈통이라 옹호하는 문 회장 앞에서 박 상무는 위축된 채 김주

사랑은 무브 Money, Orgasm, Variation, Energy

원에게 말한다. "사장님은 행복하시겠습니다." 백조의 왕자들 사이에서 '백조'가 되려 하다 결국 '오리'로 영원히 남을 수밖에 없다는 것을 인정하게 될 때 박 상무는 김주원에게 완벽하게 복종한다. 복종을 전제로 복직한다.

그러나 이 '이기적인 유전자' 앞에 우리의 박 상무는 오늘도 "쓰따~일"을 외친다. 백조들 앞에서 기죽지 않으려고. '뼈대 깊은' 재벌가문과 혈통과 재산과 교양에 기죽지 않으려고.

"현빈만 대접하는 이 더~러운 세상. 그래도 나, 쓰따~일 구기지 않을 거야." 매일 상사에게 '박 터지게' 당하고, 갖고 있는 거라곤 눈치 9단과 아부밖에 없고, 스타일, 스타일 외쳐도 스타일 한번 살아본 적 없지만, 당당하게 가슴 펴고 백조들 앞에 오리가 간다. 우리의 박 상무가 간다!

신비주의 '라는' 캐릭터

—서태지

흥미로운 사실은 공격적일만큼 자기노출의 시대라는 사실이다. 몇 해 전 김용철 변호사의 책『삼성을 말한다』와 신정아의 책『4001』이 세간에 충격을 주었다. 대범할 만큼의 실명거론과 자기고백 때문이었다. 그들의 책이 내부고발자적 양심이든 탐욕의 질주에서 낙오된 자의 자기변명이든 상관없다. 중요한 것은 남김없이 '까발린다'는 점이다. 과연 우리는 '까발림'의 시대를 살고 있다.

사이버리즘의 세계가 도래하자 사람들은 홈페이지를 만들었다. 일명 '홈피'는 블로그로 넘어갔다. 블로그는 싸이월드로 넘어갔다. 싸이월드는 다시 트위터로 넘어갔다. 소셜네트워크 속에서 페이스 북과 '카카오 톡^{일명 카톡}'을 통해 하루의 일상과 개인의 의견이 공개된다. 그날 있었던 일기를 온라인상에 공개하고 남친·여친과 찍은 은밀한 사진을 웹에 올린다. 자기 자신이 자신을 찍는 '셀카'가 등장하고 찍고 있는 카메라를 스스로 찍는^{몰래카메라} 카메라의 나르시시즘이 등장했다.

연예인들은 주목받기 위해 의도적으로 '튀는 말'과 '튀는 행동'을 하기도 한다. 검색어 1순위가 되기 위해 '노이즈 마케팅'도 가능하다. 자기노출의 과잉과 과로가 쌓이는 시대. 남의 관심과 주목을 받기 위해 발버둥치는 시대, '광대의 시대'가 된 것이다.

자기은닉과 은사적 삶을 높이 평가하던 때가 있었다. 동양적

사랑은 무브 Money, Orgasm, Variation, Energy

은둔이라 칭하기도 했다. 입신양명이라는 유교적 덕목이 대세였지만 강호에서 물러나 '처사'의 삶을 즐기기도 했다. 이유는 자신을 지키기 위함이었다. 강호는 사람들의 탐욕과 말과 욕망이 들끓었다. 영화 <동방불패>는 강호를 떠나고자 하는 고수와 강호에서 최고가 되고자 하는 고수 간의 대결이다.

내가 서태지에 대한 이야기를 하려 한다고 해서 그가 강호를 떠나고자 한 고수였다는 말을 하려는 게 아니다. 무엇보다 그는 자신의 음악을 하려 했다는 점이다. 그는 1990년대 신세대문화의 대변자로서 기성문화에 대한 '저항'을 신세대적 정체성으로 발현했다.

그러나 '신자유주의 경세' 논리는 저항도 저항을 위한 저항으로, 또 다른 자본의 논리로 바꾸어 불렀다. 그를 '신비주의'로 부르는 명명 자체가 자본주의 시장논리가 전제된 것이다. 그의 은둔이나 음악에 대한 집중마저도 '신비주의'라는 '전략'의 한 방편으로 생각했다.

1집 <난 알아요>의 폭발적인 성공 이후에 방송 등 매체에 노출을 자제했다. 음악적으로 생명력을 길게 갖기 위해서였다. 방송 매체는 인기를 만든다. 하지만 인기란 '불火'과 같은 것이다. 모든 것들 태울 듯 타오르다 결국 잦아들며 꺼진다.

공인으로서 연예인들은 '인기'를 위해 자신의 모든 것을 사생활까지 대중 팬들과 함께 공유해야 한다. 숨긴 '사생활'이 대중에겐 '배

핫! 캐릭터 열전 · 최근에 뜨는 캐릭터

신'이 될 수도 있다. 연예인은 대중의 사랑으로 살아간다고 생각하기 때문이다.

하지만 팬들이란 질투심 많은 애인처럼 언제든 사랑을 증오나 미움으로 바꿀 수 있는 자들이다. 인기는 연기와 같아서 언제나 사라질지 모르는 미망과 같다. 꿈에서 깨고 나면 모든 것을 사라지고 없다. 대중들을 쫓아다니거나 혹은 대중들에게 쫓겨 다니는 불쌍한 스타들을 보고 있노라면 그들에게 진정 자신의 '내면'을 지켜낼 수 있는 '내밀한 힘'이 있을까 하는 생각이 든다.

금방이라도 싸늘하게 등을 돌리는 까다로운 대중자본에게 '영혼'을 헌납당한 채, 조그마한 인기라도 애걸복걸 달라고 구걸하면서, 홑겹으로만 남은 '불안한 인기'에 전전긍긍하는 이 시대의 스타들이다. 얼마 전 모델 김유리의 죽음은 '죽음의 다이어트'와 싸우는 화려한 모델의 황폐한 이면을 보여준다.

서태지가 잠적과 은둔을 계속하는 것은 단순한 신비주의가 아니다. 대중들의 열광과 무관심 속에서 자신을 잃지 않고 자신의 음악을 하기 위해서다.

서태지와 이지아의 결혼과 이혼이 핫이슈다. 이지아와 별개로 서태지가 자신의 사생활을 공개하지 않은 부분에 대하여, 스타의 삶으로 혹은 한 개인의 삶으로 어느 쪽을 받아들일 것인가 하는 것은 대중의 몫이다. 다만 스타에게도 한 개인으로서의 삶이 있다는 것을, 자신의 내면과 세계를 지키기 위한 험난한 고투가 있

사랑은 무브 Money, Orgasm, Variation, Energy

다는 것을 알게 되었달까. 뭐랄까.

칠공주 속의 공주 캐릭터
— 영화 〈써니〉

영화는 교복자율화가 시작된 1983년 전두환 정권 시절 여고를 다닌 여학생들 이야기를 배경으로 삼는다. 그런데 영화 〈써니〉의 시대적 고증은 모두 뒤죽박죽으로 엉켜 매우 불성실했다.

영화 속 나미는 마흔이 넘은 2000년대 고등학교 때 기록을 DVD로 본다. 1980년대는 영상물을 개인적으로 찍을 모바일로서 휴대폰이나 스마트폰이나 캠코더나 개인 비디오영사기가 거의 없던 시절이다. 더욱이 '칼라' 영상은 1988년 서울 올림픽 이후에 가능해진다. 나미가 보는 DVD가 어떻게 만들어질 수 있는지 의아스럽다. 한준호가 임나미에게 '라붐'을 들려주던 헤드셋도 1990년대 이후에 유행하던 것이다. 1980년대 초 대학생들은 워크맨을 들고 다니면서 이어폰으로 영어회화나 음악을 들었다. 음악감상실 대학생들이나 칠공주 '써니'들이 추는

춤도 1980년대 유행하던 '디스코 춤'이 아니다. 2000년대 방송 댄스와 결합된 세미 디스코다^{1980년대 디스코 춤은 찌르고 흔드는 팔동작과 허리동작,}
다리동작이 훨씬 크다. 시대극을 찍으면서도 시대적 고증을 치밀하게 준비하지 못한 감독의 어설픔과 불성실을 보여주는 대목이다. 감독은 지난 추억을 담보로 관객들의 '향수'를 '삥 뜨으려' 한다.

향수를 미끼로 하다 보니 칠공주라는 여학생들은 개연성 없이 지나치게 선량하게 그려진다. 그들은 불량써클 '일진'이면서도 주변 학생의 돈을 "삥 뜯지도", '알량한 불량기'로 폭력 교사와 맞장 뜨지도 않는다. 일명 '스카치테이프 쌍꺼풀'을 만들거나 미스코리아에 나가기 위해 머리를 고데기로 말고 미스코리아를 흉

사랑은 무브 Money, Orgasm, Variation, Energy

내 내거나 수동타자기로 타자를 치며 작가를 꿈꾸는 여학생들이 어떻게 '일진'인가. 이들은 '불량써클'의 '불량기'에 함량미달이다. 면도칼 정도는 품에 품고 다녀야 한다. 면도칼을 입으로 거침없이 '씹어대야하고' 학생들의 도시락 반찬은 응당 빼앗아 먹어야 한다. 수업 시간에도 반항기를 드러내 교사들을 흠칫 놀라게 해야 한다.

<써니> 중에서 '수지'가 피는 양담배는 불량기를 드러내기보다 매혹적인 미인의 신비로움을 덧입힐 뿐이다. 짙은 립스틱을 바르거나 포장마차에서 '술마시기'도 그 또래 계집애들이 흔히 하는 '어른 흉내 내기'의 일부이다. 기껏 자신의 딸애를 괴롭히던 여고생 일진들을 혼내주고 다른 구역 일진들과 맞장 뜨는 자리에서 '기지'로 그들을 물리치는 정도가 어떻게 여깡패 칠공주의 명성을 지켜주겠는가.

<써니>의 칠공주들은 '일진' 여자 깡패들의 이야기가 아니다. 일곱 명의 공주들, 여성 나르시시즘이 극대치일 때의 여고시절, 핑크빛 꿈으로 인생이 가장 환하게 빛나던 사춘기 여자애들의 이야기다.

그렇다면 감독은 왜 '칠공주 프로젝트'라는 영화 부제를 붙인 것인가. 왜 그들이 불량써클의 칠공주라는 것을 강조하는 것인가. 그것은 누구나 마음속에 품고 있는 '영웅전설신화'에 대한 꿈 때문이다. 적절한 반항기와 현실에 대한 도전, 기성세대와 시

대에 대한 노골적 불만을 청춘이란 이름으로 압도할 수 있는 시절, 그것이 고등학교 시절이다. 남학생 '짱'에 대한 이야기를 살짝 '젠더'차원에서 비틀어 여자 '일진'을 보여주고자 한 것이다.

1980년대 억압된 고교시절을 보낸 꿈 많은 여학생들도 2000년대 마흔이 되어 드라마에 빠져 살아간다. "우린 형제는 아니겠지?", "아니, 형제래", "설마 불치병은 아니겠지?", "아니 오래 못 산대." 똑같은 불륜 모티프와 똑같은 출생비밀, 불치병 고정출연의 드라마를 보면서도 말이다. 무심한 남편과 왕짜증만 내는 사춘기 딸의 비위를 맞추면서 말이다. 병원에 계신 부모를 간호하고 집안일을 하면서 일상의 진부를 견딘다. 이때 일상의 진부를 살짝 벗어나게 해주는 환상, '일진'이라는 '뽀대나는' 집단의식을 가졌던 추억들이 찾아든다. 그야말로 '공주'로 살았던 시절. 인생에서 '주인공'의 캐릭터를 담당했던 시절을 회상하는 틈새가 찾아든다.

과거는 생각하면 생각할수록 서서히 자라나 현재를 잡아먹는다. 환상은 현실보다 힘이 세다. 영화 <써니>는 '칠공주'를 통해 진정 '공주'가 되고 싶어 한 사춘기 계집애들의 나르시시즘, 그 또래 계집애들의 핑크빛 환상을 보여준다.

사랑은 무브 Money, Orgasm, Variation, Energy

기괴하고 멋있는 마초가 가능하다면?

― 영화 〈풍산개〉에서 '풍산'

사내아이는 어릴 때부터 위험한 것을 무릅쓰도록 강요받는다. '위험한 것'은 일종의 '남성성'의 상징처럼 되어 있다. 담배와 술, 칼과 총, 그리고 오토바이와 자동차 경주 따위 말이다. 그것은 극단성과 과격성을 내포한다. 개인적이든 집단적이든 폭력 속에 남성성이 내재해 있다. 이상적인 남성성에 도달하기 위해 남성은 자신의 감정선을 제거하고 대신 스스로에게 고통을 부과한다. 그것은 폭력적인 고통이기도 하며 위험함이기도 하다. 무모한 도전과 모험 속에 남성성이 발휘된다고 생각하는 것이다.

그들 스스로를 이와 같은 폭력적 남성성에 바치지만 않는다면, '강한 남자' 이미지라는 환상적 이미지에서 벗어날 수 있다면 세상은 훨씬 평화로워질 텐데…… 사랑을 하고 사랑을 받고 감정을 표현하고 도움을 요청하고 모성적 관계성을 중시하고 감동을 받을 때 눈물 흘리는 것을 자연스럽게 받아들이기만 한다면, 말이다.

그러나 김기덕이 보여주는 일련의 마초들은 매우 흥미로운 캐릭터 연출을 보여준다. 영화 <나쁜 남자>에서 한기, <빈집>에서 태석, <풍산개>에서의 풍산이 그들이다. 그들은 철저하게 말을 거세한 채 스스로 '침묵' 속에 웅크리고 있다. 현실과 소통할 수 있는 매개언어를 철저하게 배제한 채 오직 강렬한 눈빛과 표정과 비명으로서만 존재한다.

한기는 매춘가의 포주이다. 태석은 빈집을 돌아다니는 한량이다. 풍산은 남한과 북한의 물건과 사연을 배달하는 배달부다. 그들은 마치 유령같다. 말이 없고 기이할 만큼 강력할 뿐이다.

김기덕 시나리오, 제작 영화 <풍산개>는 현실의 언어를 비웃기라도 한 듯 오직 '행동'과 '눈빛'으로 '산다'. 그렇다. 말로 사

사랑은 무브 Money, Orgasm, Variation, Energy

는 것이 아니라 그야말로 눈빛과 행동으로. 그렇게 본다면 남한의 국정원 요원과 북한 보위부 요원들이 만들어 내는 수많은 거짓 '말'이 얼마나 허망하고 욕된 것인가. 가증스러울 만큼 남을 이용하고 치사할 만큼 삶을 욕되게 하면서. 얼마나 우리는 헛된 '말들'을 하고 살아가는지. 오직 진실은 '눈빛'과 '행동'에 있다는 듯 '풍산'은 사람들의 말에 어떤 대답도 대꾸도 하지 않는다. 남한 요원이든 북한 요원이 묻는 물음, "너는 어느 쪽이냐?"라는 질문 앞에서, 그 질문의 허망과 이데올로기의 허구성에 끝까지 침묵한다.

세상에 수많은 '말'로 거드름 피우면서 허세와 허장을 부리는 많은 마초들 앞에서 김기덕은 세상을 조롱이라도 하듯 입을 닫아버린다. 어떤 물음에도 어떤 상황에서도. 진실은 '말'에 있지 않음으로, 말하는 순간 진실은 사라져버리므로. 이 말없는 냉담한 침묵 속에, 불친절한 단절 안에 오직 진심만이 전달될 수 있도록.

하여 영화 <풍산개>에서 은옥은 풍산에게 연민의 감정을 품는다. 수많은 달콤한 사랑의 말로, 값비싼 선물로, 육체적 탐닉만을 사려는 애인을 버려둔 채. 은옥은 어떤 묻는 말에도 대답하지 않고 자신을 북한에서 남한으로 데려다 준 풍산을 따른다.

김기덕은 영화 <풍산개>에서 냉담하고 말이 없고 기이할 만큼 괴력을 지닌 신비한 상처의 '마초'를 탄생시킨다. 그의 자폐적 세계 안에 '여자'가 나타나면서 그가 사랑을 위해 얼마나 헌신적이고 열정적인가도 보여준다.

사랑은 단순한 '언어' 유희가 아니라는 것을 사랑의 진정성이란 자기희생을 담보할 때 그 빛이 발한다는 것을. 단순하게 말없는 카리스마로 '똥폼'이나 잡으며 '깝죽'대는 비굴한 마초보다 진정한 영웅으로서의 '마초'도 있다는 것을, 영화는 보여준다.

한국 사회에서 여성 캐릭터라는 것
—장자연, 신정아, 그리고 덩

여성은 남성 시각 속에서 두 개의 캐릭터를 담당해 왔다. 페미니즘의 익숙한 방식에 의하면 그것은 '위대한 어머니'와 '위험한 창녀'다. 이미 오래된 관습이다. 근대화 이후 이성의 논리가 남성중심의 논리라고 본다면 근대화 이후 대부분의 사람들은 그가 남성이든 여성이든 여성에 대한 이와 같은 이분법에서 자유롭긴 힘들다. 왜 딱 둘인가? 셋도 넷도 아니고.

이와 달리 남성 캐릭터의 구성을 생각해보자. 자유로운 보헤미안, 목가적 낭만주의, 입신양명의 성공주의, 허무주의적인 룸펜, 사상적 이념주의, 일상적인 소시민……. 캐릭터는 더 많이 분화되고 갈라질 수 있다.

남성에게 부여하는 이 수많은 자아구성에 비해 여성은 왜 딱 둘만을 허용하는 것일까. 어머니와 창녀. 창녀와 어머니. 그것은

사랑은 무브 Money, Orgasm, Variation, Energy

조강지처와 애첩. 천사와 악녀라는 이름으로 불리기도 한다^{대처와} ^{같은 철의 여성은 이미 남성화된 여성이다}. 아니 어쩌면 어머니와 창녀는 따로 '구분된 두 개'가 아니라 '하나의 몸속에 있는 두 개의 자아'인 지도 모른다. 남성은 여성에게 이 두 캐릭터를 동시에 원하고 있는지도 모른다.

　　네티즌들은 바쁘고도 부지런한 일주일의 시간을 보냈다. 장자 연 씨의 편지가 친필인지 아닌지를 국과수^{국립과학수사원} 확인하기 위한 일주일 사이였다. 장자연 씨의 편지에 나와 있는 실명을 공 개하라는 의견에 나도 한 표!, 까지는 아니었지만 네티즌들은 모 두 공개에 목숨을 걸었다.

　　신정아 씨의 책 『4001』이 출간되자 한 주도 되지 않아 몇 만부가 판매되는 기염을 토해냈다. 책에서 신 씨는 모 신문기자가 택시 안에서 자신의 윗옷의 단추를 풀려했다, 라든가 모 대학총장이 밤늦은 시간에 만나 부적절한 제스처를 하려 했다고 말했다. 책은 출간 이틀 동안 40~50대 남성들에게 팔려나갔다. 이후 구매층은 30~40대 여성층으로 빠르게 확대되어 나갔다.

외교부 여러 영사가 중국여성과 부적절한 관계에 빠져 국가기밀을 빼돌렸다고 했다. 언론은 이를 '상하이 스캔들'이라 불렀다. 언론은 중국여성인 덩 씨가 스파이거나 부정한 브로커일 것이라 추측했다. 외교관의 부도덕성을 연일 질타했다.

이 세 명의 여성 중 한 명은 죽은 지 1년이 되었고 한 명은 감옥에서 나왔으며 한 명은 중국 어디에 있는지 종적이 불분명하다. 상관없이 이 세 명의 여성은 검색어 1순위를 차지했다. 그 사이에 장자연 씨의 편지는 가짜로 판명되었다. 신정아 씨의 누드사진은 그의 학력위조와 상관없이 모 신문에 개재되었다. 덩 씨가 빼내간 대단한 국가기밀이란 없었음에도 덩 씨의 사진은 인터넷에 유령처럼 떠돌아 다녔다.

'스캔들'이란 현대사회를 살아가는 우리의 '일용할 양식'이다오, 신이시여, 오늘도 우리에게 스캔들이라는 일용할 양식을. '스캔들'만큼 흥미롭고 재미있고 짜릿한 이야기가 있을까. 지루하고 지리멸렬한 일상 속에 그것이 '사랑'이든 '불륜'이든 '외설'이든 현대적 고독을 덜기엔 이만큼 좋은 게 없다. '실제 사실'보다 누군가의 침실을 엿보고

사랑은 무브 Money, Orgasm, Variation, Energy

싶은 관음증은 대체 무엇인가. 그것은 수많은 남성과 관계를 맺는 여성이라는 '창녀' 캐릭터에 대한 흥미다. '창녀' 캐릭터로 '보고자 하는' 집단적 유희자 편견이다.

달을 보지 않고 달을 가리키는 손가락을 보는 자들. 그들은 곧 추문을 통해 사실 그 자체보다 자신의 욕망을 보려 한다. 추문 위에 자신의 욕망을 배설하고자 한다. 세 명의 여성들, 그리고 진실은 어디 있는 것일까. 추문은 어떻게 키워지고 어떻게 진화하는가.

까도남 캐릭터
—현빈, 차승원, 김석훈

까칠한 남자에 대한 흥미는 영화 <B형 남자친구>에서 시작된 것이 아닐까. 아니 곰곰이 따져 보면 남자들은 원래 까칠하고 무심하고 무뚝뚝한 족속들이다.

『화성에서 온 남자 금성에서 온 여자』란 책에서도 나온다. 남자들은 여자의 이야기를 처음부터 끝까지 듣지 못한다. "그래서 결론은 뭐야?" 남자들은 문제에 대하여 위로받으려는 여성에서 '문제의 해결책'을 내세우려고만 한다. 남자는 목표지향적이고 여성은 과정지향적이다. 남자는 낯선 집단 속에서 자신의 적과 동지를 구분하기 바쁘다. 그 속에서 자신의 계급의 상하를 구분

짓는 데 빠르다. 여자는 낯선 무리 속에서 만나는 이들을 관계지 향적 관계로 만들고자 할 뿐이다. 남자는 여자에게 사랑받기보다 존경받고 배려받기를 원한다. 여자가 남자에게서 '사랑'을 원한 다면 남자는 여자에게서 '밥'을 원한다. 남자가 유일하게 가정에 서 약한 것이 있다면 그것은 '밥'이다. 남자는 오늘도 집에서 '밥'을 얻어먹기 위해 세상에 나가 일한다.

그래서 그는 오늘도 집에 와서 말한다. "밥 줘!" 무뚝뚝한 이 한 마디에 아내들은 밥을 주고 싶다가도 얄미워서 밥을 주기 싫 어진다.

"꼭 그 말밖에 할 말이 없는 거야?"

"아니."

"그럼, 다른 말 좀 해봐!"

"아~들은?"

"ㅠㅠㅠㅠㅠ"

그런데도 왜 요즘 드라마와 영화에서 '까도남'이 뜨는 것일까. 까칠하고 '성질 더럽고' '싸가지 없는' '왕재수 덩어리' 말이다. '까도남'의 원래 뜻은 '까칠한 도시남'이다.

1990년대 드라마 <모래시계>에서 보여준 최민수는 '야성적 남성성'을 대변했다. 2010년대 이제 남성들의 야수성은 모두 거 세된 것인가.

남성들은 도시에서 자라나면서 도시의 매너와 교양과 문화와

사랑은 무브 Money, Orgasm, Variation, Energy

개인주의를 습득하게 되었다. 도시의 나르시시즘과 문명의 향긋함과 도시의 '쿨함'을 배우게 되었다. 감정에 초연하고 자기애가 강하다. 일에 대해서는 프로의식을 가지지만 여성에 대해서 사무적이거나 안티로맨틱하다. 이 까도남에게 여성들이 주목하기 시작했다.

드라마 <시크릿 가든>에서의 '김주원현빈', <최고의 사랑>에서 '독고진차승원' <반짝반짝 빛나는>에서 '송승준 편집장김석훈' 등이 그들이다. 이들은 이러저러한 차이들이 있다. 독고진은 까도남 중에서 좀 '쩨쩨한 편'에 해당한다. 김주원은 책과 미술품을 좋아하는 '예술가적 취향'이다. 송 편집장은 사랑을 제대로 해본 적 없이 일만 좋아하는 '고지식한 원칙주의자'다. 이들의 공통점은 물론 '까칠하게 군다'는 것이다. 그리고 또 하나 '돈이 많다'는 것이다. 셋째는 상황 판단을 해야 하는 부분에서 매우 현명하고 단호한 현실판단력을 지녀 여성들을 리드하듯 이끈다는 점이다.

이 세 가지의 요소는 모두 현대여성들의 관심을 끌기에 충분하다. <시크릿 가든>에서 김주원은 돈 많은 재벌 3세다. 자기절제력이 강한 데다 책읽기를 좋아하고 미적 감각을 지녔으며 단호한 세계관을 지닌 자다. <최고의 사랑>에서 '독고진'은 대한민국 최고의 스타에다 절대호감 1%, 대한민국 모든 여성들의 연인이다. 그러나 구애정공효진을 만나 대책 없이 '가슴이 제멋대로 뛰는' 로맨티스트로 분한다. <반짝반짝 빛나는>에서 '송편송 편집장의 애칭'은 부호의 아들이면서 자신의 감정을 표현하는 데 익숙하지 않다. 그는 감정적 훈련을 제대로 받지 않은 자로 한정원을 만나 사랑을 알아간다.

까도남은 여성의 뭔가를 자극한다. 사랑으로 보듬어져야 할 '마음의 상처'와 최고이기 때문에 겪는 '외로움', 그리고 무엇보다 '뽀다구 나는 재력과 외모'가 그것이다. 드라마 <내 이름은 김삼순>현빈에서도 그랬고 드라마 <커피프린스 1호점>공유에서도 그랬다.

그렇다면 돈 없는 '찌질남'들은 어쩌란 말인가. 롯데월드 야외마당을 빌릴 재력<최고의 사랑>은커녕, 일본으로 전세기를 보내 미국 영화감독을 오디션을 위해 한국으로 데리고 올 재력과 인맥<시크릿 가든>은커녕, 정규직 보장도 받지 못한 이십대들이 수두룩하다.

그렇다면 이런 대화,

사랑은 무브 Money, Orgasm, Variation, Energy

남자 : (호탕하고 자신만만하게) 나 4000 받는 사람이야.

여자 : 아, 연봉이 말인가요?

남자 : (오만하게) 아니!

여자 : (놀라며) 아니, 그럼 월급이?

남자 : (더욱 오만하게) 아니!

여자 : (어리둥절해 하며) 그럼 뭐가?

남자 : (싱겁게 웃으면서) 아니, 시급이…….

이러한 개그콘서트의 한 장면이 더 리얼하게 다가온다.

신데렐라 콤플렉스를 만족시켜 주기 위해 드라마에서 재벌은 언제나 고정출연이다. 그러나 어떻게 생각해보면 과거 드라마 <사랑과 야망>의 자수성가형 인물은 이미 구시대 유물이 되었다. 자수성가를 하기엔 이미 사회의 계급성은 고착, 계승되는 상황이다. 하여 모든 것을 갖춘 남자, 셋업된 시스템 안에서 여성은 까칠한 남자의 성격을 즐기고만 싶다.

얼마 전 한 재벌 2세의 결혼식에 입장이 금지된 일반인들이 사진을 찍고 구경을 하기 위해 몰려든 일이 있었다. 재벌은 우리 시대 또 다른 스타다. 우리 시대 최고의 로망이다.

대형 마켓에서 피자와 치킨을 얼마나 '착한 가격'으로 팔고 있는지. 중소기업과 하청업자들이 얼마나 재벌기업에 쩔쩔 매며 그들의 생명을 담보 잡히고 있는지. 현실 속의 '까도남'들이 얼마나 실제로 '까칠하게' 장사를 하고 있는지에 대해서 왜 우리는 침묵하는가. 왜 드라마 속 '까도남'들은 언제나 스마트하고 잘

생겼는가. 이윤추구를 위해 강제적인 인수합병을 하는 이들이 어떻게 모든 것을 희생하며 여자를 위한 사랑의 로맨티스트가 되는가. '스크린'은 허구에서라도 끔찍한 현실에 지친 현대인들을 '거대한 환상'으로 위무해 주어야 된다고 생각하는 것일까. 24시간 편의점 알바생의 최저시급은 '아직도' 4,580원이다.

비호감이라는 캐릭터
— 〈나는 가수다〉의 옥주현

현대인들은 이미지를 좇는다. 현대인들은 이미지를 먹고 마신다. 이미지를 소비한다. 실체가 아닌 파생실재. 허위적 실재인 시뮬라시옹에 대하여 말한 이는 프랑스 철학자 장 보드리야드다. 보드리야드는 우리의 시대가 시뮬라시옹의 시대가 되었다고 말한다.

이미지의 어원적 기원은 '그림자'다. 그런데 오리지널러티가 아닌 이 허위적 실체가 우리 현대 사회를 지배하는 중심 코드가 되었다니. 이는 무슨 말인가.

이효리를 좋아하니까 이효리가 마시는 술을 마시고, 김태희를 좋아하니 김태희가 광고하는 베이커리에서 빵을 산다. 한예슬이 마시는 커피를 마시며, 수애가 광고하는 화장품을 바른다.

이미지라는 거울 속의 분신들. 분신들은 섹시하고 여성스럽고

사랑은 무브 Money, Orgasm, Variation, Energy

귀여우며 우아하다. 그것은 있음과 없음, 보이다가 안 보이는 그 경계에서 권위를 지닌다. 그것들은 곧 현대인들에게 재현된 것들, 실체가 아닌 거울에 비친 모습으로서의 대체물들이다. 현대인들은 이 이미지를 통해 '결핍'을 채우고 또 슬픔을 진정시키고자 한다. 스크린이라는 시각적 장치 속에서, 스타라는 수많은 이미지 속에 우리는 위안을 얻는다. 바야흐로, '매혹적인 허위'의 시대, 이미지의 시대에 당도하게 된 것이다.

실체가 없이는 이미지도 없다. 이미지는 결국 이차적 존재일 수밖에 없다. 하지만 이미지는 실체보다 힘이 세다. 이미지는 실체보다 영원하다. 이미지는 오랜 시간 사람들의 뇌리 속에서 살아간다. 그러니까, 문제는 뭔가. 이미지 관리를 잘 해야 한다. 이미지에 '기스'나면 끝장이다. 한마디로 '쪽팔려서' 살 수 없게 되는 것이다.

MBC 프로그램 <나는 가수다>이하 '나가수'가 연일 뜨거운 시청률의 한가운데를 장식하고 있다. 가창력에 목말라하던 시청자들의 호응 때문이든 서바이벌 게임형식이라는 무한경쟁의 자본주의의 논리를 그대로 따왔기 때문이든

논란 속에서도 하나의 신드롬을 만들어내는 것은 사실이다.

임재범의 노래가 관중들을 압도할 수 있었던 것은 약간의 불안정한 음정과 거친 목소리에도 불구하고 그의 호소력 짙은 목소리도 그렇지만 그가 가진 개인사적 입장 때문이다. 암투병 중인 아내나 무명의 언더그라운드로 살아온 가수인생 같은 것들. 개인의 역사는 하나의 이미지를 만들고 관중은 이 이미s지 속에 도취된다.

스타들이 만들어 내는 이미지는 얼마나 대중적으로 소비되는 것일까. 발산되는 이미지와 수용되는 이미지. 그 이미지 사이에서 스타들은 공포를 느낀다. 스타들은 단순한 교통사고를 내도 단순한 폭행사건에 연루되어도 치명적이다. 그들은 이미지를 먹고 사는 존재이기 때문이다. 기부를 해서 기부천사가 되고 입양을 해서 입양천사가 되고 많은 아이들을 낳아 다산산모가 되는 일들. 그것이 순수한 진정성이나 우연에서 비롯된 일이었다 하더라도 수많은 우연과 진정과 의도가 서로 얽히고 엇갈리며 필연적 이미지가 형성된다.

따라서 이미지의 나라에서 관용은 없다. '비호감'이 그것이다. <나가수>에서 옥주현은 처음부터 '비호감'이라는 이미지로 논란의 핵심에 있었다. 이 혹독한 통과의례가 <나가수>란 프로에 나가기 위한 단순한 통과의례일지 그녀를 영원히 따라다닐 '꼬리표'일지 알 수는 없다. 우선 그녀는 '비호감'이란 것이다.

옥주현이 비호감이 된 데에는 몇 가지 이유가 있다. 그녀는

사랑은 무브 Money, Orgasm, Variation, Energy

<슈퍼스타 K>에서 지나친 인격무시적 발언을 했다. 심사위원으로 나와서 노래 부른 지원자에게 "그렇게 노래하는 것을 보니 수치스럽다."라는 말을 했다. 유관순 패러디와 관련하여 논란을 불러 일으켰다.

이와 같은 속 깊지 않은 행동보다 옥주현을 옥죄고 있는 것은 핑클그룹 멤버였다는 것이다. 기획사가 흥행을 위해 의도적으로 기획한 그룹. 대중들의 감각적 기호에 맞는 미모와 적절한 댄스로 무장한 아이돌 그룹 첫 세대라는 사실. 그 중에서 그녀는 가장 외모에서 "딸리는" 축에 들었다. 그것이 옥주현을 언제나 따라다니는 '폭탄' 이미지였다.

핑클이 전 방송사의 전파를 타며 뜨겁게 인기의 상종가를 올리고 있을 때도 옥주현은 카메라에서 최대한 배제되었다. 그녀의 통통한 몸집과 호감가지 않는 얼굴 때문이었다. 옥주현은 카메라 뒤에 숨어서 핑클 멤버 이효리가 최고의 섹시스타로 등극하는 것을 바라보아야했다. 이진과 성유리가 티브이 드라마에서 연기하는 모습을 지켜봐야했다. 그녀가 선택한 것은 건강 미인이라는 컨셉의 요가, 그리고 이어 뮤지컬배우로서의 가창력과 연기였다. 뮤지컬 <아이다>의 성공은 옥주현의 뛰어난 가창력이 아니면 성공할 수 없었던 무대였다.

'핑클' 열풍 속에서도 가장 소외되었던 가수, 그룹 뒤에서 노래를 부르며 최대한 카메라 줌 바깥에 있었던 가수. 옥주현은

핫! 캐릭터 열전 · 최근에 뜨는 캐릭터

<나가수>를 통해 진정 가수로서 자신의 길을 찾은 것인지 모른다. 그럼에도 '비호감'이란 캐릭터는 한번 사람들의 뇌리에 인식되는 순간 "제~명되는" 운명인지라 당분간 옥주현은 이 이미지의 사회에서, 또 구경거리 사회에서 '왕따'로서의 자신의 운명을 지켜봐야할지도 모른다.

누구는 무슨 짓을 해도 예쁘기만 하고 누구는 무슨 짓을 해도 밉기만 하니, 이 무슨 요상한 집단적 신념인가. 그러나 '비호감'이기에 더욱 자신을 성찰할 수 있는 겸허를 배우게 되지 않을까. 폭력 같은 악플을 세상에 대한 분노로 키우는 대신 옥주현은 자신에게 악플을 다는 악플러들에게 "살인자 같은 심정은 아니겠지요?"라고 대응한 적 있다 자신의 역

사랑은 무브 Money, Orgasm, Variation, Energy

량을 더욱 키워나가는 놀라운 진화의 계기로 삼는다면 '비호감' 은 '호감'으로 바뀔 수 있다. 대중들은 언제나 이랬다저랬다 하는 까다로운 변덕쟁이들이니까.

그렇게 대중들이 사랑해주었는데도 자살하는 스타들에 비하면 대중들의 비난 속에서도 꿋꿋하게 자신의 길을 가는 스타는 더 의연하고 멋있다. '비호감'을 자신의 컨셉으로. 그래 이제 내가 너희를 '왕따'시키겠어, 이렇게 한다면…… "너무 멋있다. 비호감!" 이런 날이 오지 않을까.

여신과 요정 사이
—피겨여왕 김연아, 가수 박정현

한때 스크린에서 '여신포스'란 말이 유행한 적이 있다. 여신이란 말은 아무래도 사극에서 비롯되었다. 대장금, 선덕여왕, 미실이, 동이로 이어지는 역사 속의 여성들. 그들은 남성왕 중심의 왕권 계급사회에서 여성적 주체를 의지적으로 실현해나간 인물들이다. 그들은 유약하고 순종적인 전통 여성상을 해체한다. 강인하지만 부드러운 카리스마로 스크린을 압도한다.

전통적으로 왕과 권력 주변에 있어왔던 여성들은 대개 '템트리스' 즉 '유혹자'들이었다. 그들은 권력자를 유혹해 권력을 나누어갖고자 했다. 그 권력으로 '또 다른 남성'이 되고자 했다. 즉 그들은 '관능적인 유혹녀'이자 동시에 권력을 탐하는 '페니스 달린 여성'들이다. 한국의 역사에서 '장희빈'이나 성경 「삼손과 데리라」에 나오는 '데리라'와 같은 캐릭터 말이다.

하지만 최근 한국의 문화풍경은 새로운 여성상을 도모하기 시작했다. 제도권 하에서 전통에 매여 있던 여성 정체성에 교란이 생겼다. 그들 스스로가 '여신'이 된 것이다.

사실 원시부족사회까지 거슬러 올라가지 않아도 우리에게 '여신'이 오히려 자연스럽고 당연한 '인간성'이다. '신'은 인간의 모든 것을 덮어주고 안아주고 복을 주어야 하는 것이다. 삼신할매가 있고 바리데기가 있다. 지모신이 있고 대모신이 있다. '신'은 오히려 남성화됨으로써 벌을 내리고 용서가 없는 무서운 신이 되었다.

그러나 좀 자세히 살펴보면 스크린에서 '여신' 캐릭터가 풍요로운 출산을 담당하는 것 같지는 않다. 그들은 아이의 출산과는 거리가 멀다. 가느다란 허리에 하악턱이 V라인으로 미끄러진 외모다. '여신' 캐릭터는 '그리스의 여신들'이 갖는 우아함이나 서구적 몸매와 연관이 있다. 탄력적이고 섹시한 S라인. 레드카펫을 밟는 여배우들이 곧 '여신'으로 등극한다.

한편 여기 또 다른 여성이 있다. 귀엽고 깜찍한 대상으로서의 '소녀'다. '소녀'는 절대 어른이 되어서는 안 된다. 영원히 어리고 깜찍한 미성숙의 단계로 남아 있어야 한다. 이것이 영원히 남

사랑은 무브 Money, Orgasm, Variation, Energy

성 로망이 되는 이유다.

남성의 소녀에 대한 환영은 요정 캐릭터에 대한 추구와 관련 있다. <피터팬>에서 '팅거벨' 같은 존재. 어리고 미성숙하지만 어른의 경계에서 어른거리는 소녀는 남성에게 잃어버린 순수의 시원성을 떠올리게 한다.

'롤리타 콤플렉스'라는 말로 병리화하지만 꼭 그렇지만은 않다. 남성 어른은 소녀에게 성생활의 교사이자 삶의 안내자가 될 수 있다는 자부심을 갖는다. 남성이 언제나 어린 여자를 좋아한다는 것은 동서양을 막론하고 고금의 진리다. 남성은 자신의 순수와 청춘의 때를 일깨울 요정이 필요한 것이다.

나는 여기서 K-팝 열풍을 이끈 '걸그룹'을 소개하려는 게 아니다. 나이가 들어도 여신이 아니라 순수한 환영을 일깨울 것 같은 요정 캐릭터. 2018 평창 동계올림픽의 낭보를 전해준 피겨 선수 김연아와 <나가수>의 가수 박정

현이 그들이다.

　나는 이들에게서 깜찍한 순수와 열정을 본다. 뜨거움 흙을 품고 있는 사막의 뱀처럼 자기 안의 고독과 독기를 본다. 공중으로 몸을 날려 빙그르르 도는 김연아를 보면서, 고음의 바이브레이션을 광기어린 채 내지르는 박정현을 보면서 나는 비현실성을 느낀다. 그들은 현실 속에 있지 않은 신비하고 작은 요정 같다. 우리를 타락한 세계에서 영 다른 세계, 비의로 가득 찬 세계로 인도하는 요정 같다. 요정 캐릭터가 여신 캐릭터보다 좀더 대중들의 변덕스러움을 견뎌낼 수 있다면 그것은 이와 같은 '비현실적 순수'와 깜찍한 환영 때문이 아닐까.

사랑은 무브 Money, Orgasm, Variation, Energy

한류라는 유령 혹은 그 실재

한국 대중문화가 세계적인 문화의 우세종이 되어가고 있다. 한류는 이제
세계적인 하나의 '분명한 사건'이 되었다. 놀랄 일이다. 할리우드나 빌보드
에 의존하던 대중문화에서 벗어난 느낌이다. 한국 각 티브이 매체는 연일
K팝 무대에 열광하는 세계 젊은이들을 보여주었다. 세계 젊은이들이 한국
어로 노래하고 한국어 배우기에 열을 올리고 있다. 한국민들은 오히려 <나
는 가수다> 프로에 나오는 '뽕티'나는 노래에 취해가고 있는데.
도대체 "무슨 일이 일어난 것인가".

1 한류는 돈인가? 민족인가? 문화인가?

'한류'란 실체가 있는 것인가. 한류의 정체는 무엇인가.

이런 질문을 채 던지기도 전에 '한류'는 이미 전 세계적으로 '분명하고' '뚜렷한' 현실이 되었다. 1990년대 중반 'H.O.T.' 등의 아이돌 그룹이 동아시아에서 팬덤 현상을 일으키면서 한류는 시작되었다. '한류'는 '동방신기', '신화' 등의 아이돌 그룹으로 이어졌다. '대장금', '겨울연가' 등의 한국드라마, '리니지'를 비롯한 한국게임산업, '뽀로로' 등의 캐릭터산업으로까지 여세를 몰아가고 있다. 한국의 대중문화는 이미 동아시아권을 넘어 세계적으로 문화적 우세종이 되어버렸다.

한국은 출판의 종과 독서인구가 일본에 비해서 턱없이 뒤진다. 한국 서점들은 전국적으로 매년 문을 닫고 있다. 대형 서점마저 매년 영업이익 마이너스를 기록하고 있다. 문화 교양면에서 한국은 우수한가.

그런 점에서 전 세계로 뻗어가는 '한류'의 정체에 대하여 의아심과 반가움이 공존하고 있는 것도 사실이다. 분명한 것은 한류가 단순히 십대그룹의 문화현상을 뛰어넘었다는 점이다. 전 연령층, 전 지구적 현상이 되고 있다.

한류는 사회적, 문화적, 경제적, 심리적인 것들로 구성되고 있는 굉장히 복합적이고 쟁점적 담론지대다. 대중문화의 중요한 코드가 되었음에도 한류는 많은 의견 충돌이 중첩된다. 미디어의 과잉 보도, 연예기획사의 이해관계, 문화산업주의 시스템, 문화민족주의 문제 등.

이와 같은 많은 문제적인 전제를 안고 세계 속에 한류가 있다. 한류는 1990년대 중후반부터 동아시아 쪽으로 번져갔다. 그러나 아주 '뚜렷한' 방식으로 한류의 징후가 명백해진 것은 2005년부터였다. 2005년을 기점으로 외국인 관광객은 연간 600만명을 넘어섰다. 이렇게 된 데에는 2005년 중국을 강타한 <대장금>의 공적이 크다. <겨울연가>로 일본을 압도한 배용준이 영화 <외출>로 다시 한 번 일본을 강타하고 있었지만 특별한 한 스타에 집중된 마니아 현상처럼 보였다. 오히려 <대장금>은 방대하고 견

고한 스토리와 한국의 전통문화 전파에 가장 흥미로운 소스였다. 그것은 중국에서의 성공으로 나타났다. 왕궁에서 여자들이란 질투와 시기, 권력다툼을 일삼는 데 대부분의 역할을 소진한다. 이에 반해 <대장금>에서의 '장금'은 장인정신과 의지력으로 새로운 여성 캐릭터의 고전성을 선보인다. 이

사랑은 무브 Money, Orgasm, Variation, Energy

후 2006년 <왕의 남자>가 있었다. 드라마로 <사랑이 뭐길래>, <파리의 연인>, <올인>, <아이리스> 등이 높은 판권을 받고 해외로 수출되었다.

그렇다면 한류란 무엇인가. 한류는 "1990년대 후반부터 중국을 위시하여 대만, 홍콩, 베트남 등의 주민, 특히 청소년 사이에서 번지고 있는 가요, 드라마, 패션, 관광, 영화 등 한국 대중문화를 향유 / 소비하는 경향^{조한혜정, 2002}"을 의미한다. 그러나 한편 여기서 조한혜정의 한류의 의미는 "한국의 문화정체성이 반영된" 것이어야 하는지 아니면 단순히 "한국에서 생산된" 것이어야 하는지에 대하여 여전히 불명료한 부분이 있다. 조한혜정은 생산 출발 지점이 갖는 이념적 상업적 내지 모든 출발의도를 가린 채 단순한 결과적 현실에 대하여 언급하고 있다.

그러니까 '한국'의 문화정체성이라는 지점은 여전히 '뜨거운 감자'다. 한류에서 '한국'의 문화정체성 유무에 대한 민족적 관심이 지대하다. 1990년대 말 그리고 2000년대 꾸준히 한류의 동아시아 진출, 세계 진출에도 불구하고 논란이 멈추지 않는 것은 바로 이 지점이다. 즉 한류 현상을 둘러싸고 있는 문화민족주의적 성향에 대한 염려다. 한국정체성을 내세운 '민족성' 내지 '애국주의'를 내세우게 된다면 이는 분명 '반문화적'인 태도다. 문화란 상호소통과 인간에 대한 전면적 보편적 이해에 그 근간을 둔다. '한류' 자체를 민족정체성에 그 주안점을 둘 때 국가 간 갈등의 요소와 반작용이 심화될 수 있다.

하나의 문화가 다른 문화권으로 전파되는 과정에서 충돌과 저항이 일어나는 것은 자연스러운 현상이다. 그것은 정치 역사적이고 심리적인 저항이며 배제일 것이다. 일테면 2000년대 중반 일본은 대표적인 민영방송사에서 한국드라마 편성을 줄이거나 중단했다. 방영시간과 횟수를 제한하는 정책적인 저항이었다. 이것은 분명 인근국가라는, 즉 역사적 관점에서의 저항과 관련 있다. 국경을 사이에 두거나 가까이 있는 나라치고 사이가 좋은 나라는 원래 없는 법이다. 문화란 전적으로 '창조적'일수도 없으며 또한 전적으로 '수용모방적'일 수도 없다. 무엇보다 '일방통행'적인 문화교류가 갖는 폭력적인 독주가 결코 '문화적'일 수가 없다는 점이다. 한국대중문화와 스타시스템의 우수성, 능력을 과대평가하는 자기만족적인 인식은 동아시아나 다른 나라를 포함한 문화적 타자들을 대화의 상대가 아니라 소비시장으로만 고려하려는 지극히 소아적 문화우월주의다. 천박한 자본주의적 사고다. 그런 점에서 한류의 장기적인 발전을 위해서는 한류를 수용하는 나라들과의 호혜적인 문화교류가 전제되어야 한다.

무엇보다 '한류' 현상에 대해 우리가 조심해야 할 부분은 상업적인 이익과 국가주의와의 결합이다. 즉 '문화전쟁의 시대에 문화는 경쟁력' 혹은 '문화는 곧 돈'이라는 식의 문화 자본화, 국가 산업정책은 문제적이다. 문화패권주의적 사고는 문화 소통과 공유를 가로막고 있는 끔찍한 야만이다.

사랑은 무브 Money, Orgasm, Variation, Energy

최근에 다시 불고 있는 한류 열풍이 반가움과 함께 새로운 비판적 성찰과 대안을 생각하게 하는 이유도 이 때문이다. 최근 한류 열풍을 다시 일으킨 것은 K팝이라는 한국대중음악이다. 1990년대 중후반 동아시아에서 조금씩 열풍이 불기 시작하던 한국대중음악이 최근에 유럽과 미국 남미로까지 번져간 듯하다. 한국 매스컴은 K팝 공연에 열광하는 외국인들을 스크린으로 보여주고 있다. 한국어 가사를 외우고 한국 댄스를 따라하는 외국인들의 모습을 연일 방영한다. 문화의 대국이라는 유럽 젊은이들이 K팝에 열광하는 모습을 보면서 한국민은 문화적 민족적 우월감에 은근히 빠져든다.

도대체 K팝이란 것이 뭐길래? 의아심이 드는 것도 사실이다. K팝이란 연예기획사에 의해 기획되고 인공적으로 길러진 십대 걸 그룹 혹은 잘 만들어진 꽃미남 그룹에 불과하다는 생각 때문이다. 현란한 춤과 노래가 한국에서는 좀은 식상해져 가던 차에 K팝 열풍이라니 최근에 한국 TV 오디션 프로 〈나는 가수다〉 열풍은 아이돌 스타들에 대한 기성세대의 권태로움을 반영하는 반증이다.

아이돌 그룹의 '정체'에 대한 관심은 증폭되는 상황이다. 한국에서 '아이돌'은 이제 '스타'란 말을 대신하는 하나의 중요한 아이콘이 되었다. '아이돌'은 과거 '스타'란 상징적 신비적인 함의를 뛰어넘어 '경제적' '시스템적' 기획이란 함의를 내포하는 단어가 되었다. 한국에서 아이돌을 키운 것은 무엇보다 1998년 한국외환위기 상황 이후다. 급격하게 부상하게 된 극단적 자본주의 체계와 관련 있다. 외환위기 이후 한국에서 가장 중요한 것은 '자본'이 되었다. 속도와 경쟁은 더욱 심화되었다. 인간 신체는 '재화'를 벌기 위한 철저한 경제 기계가 되었다. 경제기계는 2000년대 이후 한국민들의 사고와 삶을 계속해 지배하는 시스템이다.

사회적 경제적 마인드의 변화는 대중문화 형성에서도 눈여겨볼

사랑은 무브 Money, Orgasm, Variation, Energy

만한 변화를 가져오게 한다. 1990년대는 연예기획사가 캐스팅을 한 뒤 모든 역량을 모아 아이돌 그룹의 데뷔와 활동을 지원했다. 하지만 2000년대 이후에는 달라졌다. 연습생 제도가 가동되었다. 과거와 다른 훈련 시스템이 체계화되기 시작했다. 연습생들끼리 경쟁을 붙인 것이다. 그 중에서 지원할 그룹을 선별했다. 연습생들 사이 경쟁이 불가피해졌다. 연습생은 언제 데뷔할지 모른 채 지루하고 혹독한 준비과정을 반복한다. 연습생은 노래와 춤, 외국어 등 다양한 '개인기'를 갖추는 훈련을 한다. 일종의 '스펙 쌓기'다. 결국 기획사의 철저한 투자에 의해 만들어진 '상품'이 된다. 미래에 대한 환상과 두려움을 동시적으로 품으면서 "저희는 자다가 갑자기 깨워서 안무를 시켜도 완벽히 해낼 수 있을 정도가 되어야 했어요." H.O.T.와 신화가 한 TV토크쇼에서 한 말이다. 『타임』지는 SM기획이 "스타 제조의 과정을 산업화했다"고 업적을 평가했다.

이는 신지유주의적인 공세가 거세어지는 2000년대의 현실이기도 하다. 한국의 88만원 청년세대들의 '막막한 미래 / 답답한 현재'라는 현실의 모습이기도 하다. 그러면서도 언젠가 '대박'을 터뜨릴 수도 있다는 '성공신화'의 마약 같은 희망을 담보한다. 즉 청년 세대가 갖는 성공환상은 환멸적인 현실을 은폐한 이후에 만들어지는 당의정인 셈이다. 아이돌 그룹의 노예적 계약관계나 미래를 담보한 채 지독한 훈련으로 십대를 바쳐야 하는 현실. 혹은 성공한 후에도 언제 대중들에게 외면당할지 모른다는 불안감.

2000년대 연예기획사의 빠른 성장과 함께 아이돌 그룹은 전성기를 맞게 된다. 여기서 음반 프로듀스의 영향력보다 기획사 자

한류라는 유령 혹은 그 실재

본의 영향력이 더욱 커지게 되었다. 엔터테이너로서의 가수보다는 유용한 상품 가치로서의 의미가 더욱 부각되게 된다. 이 가운데서 아이돌 입시, 내지 아이돌 고시가 열풍을 몰아간다. 경쟁체제 속에서 수많은 아이돌 그룹은 만들어지고 있다. 혹은 만들어지기 위해 연습을 하고 있다. 또 한편에서는 해체되고 있다. 생산과 소비와 유통이 빠른 회전력을 가지고 움직이고 있다.

스타발굴오디션 TV 프로그램인 <슈퍼스타 K2>의 성공은 이와 같은 흐름을 반영한다. 2010년 말 큰 반향을 일으킨 '허각' 열풍은 그 프로의 대미를 장식했다. 2010년 허각은 청와대에 초청되어 공정사회에서 꿈이 이루어지는 자로서의 표본인양 자신을 소개했다. 그러나 알다시피 오디션프로 <슈퍼스타 K2>는 '서바이벌' 방식으로 진행되는 치열한 경쟁과 각축전이다.

비정규직과 아르바이트, 실직의 공포 속에서 청년들은 오디션프로를 보며 대박신화를 꿈꾼다. 하지만 현실은 명백히 가혹하다. 신자유주의 시장에서 연예기획사의 엄격한 시스템은 성공신화를 선전하고 있다. 하지만 어떤 점에서 가수가 되는 길은 기획사가 기획하는 상품으로 프로그래밍되는 과정인지 모른다. 오히려 가수 지망생들의 다양한 가능성과 개별적 개성은 사장되는 것은 아닌지.

이 가운데서 벌어진 K팝 열풍을 어떻게 바라보아야 할까. 유럽과 남미, 호주 등지에서 불고 있는 K팝 열풍을 바라본다. 한국의 시청자 혹은 한국청년세대는 K팝의 공연을 보며 대박신화를

사랑은 무브 Money, Orgasm, Variation, Energy

즐거워한다.

3 세계적 수준의 K팝과 글로벌이란 이름의 혼종

분명한 것은 K팝이 '세계적인 수준'에 이르렀다는 것이다. 예술보편 '환상'의 이미지와 음악적 도취를 주고 있다는 점이다. 고무적인 일이다. 축하할 일이다. 다만 산업으로서의 측면이나 정치적 외교적 헤게모니를 행사하려는 문화민족주의적 성향에서 벗어나야 한다는 점이다. 자본 시스템화되고 프로그래밍되는 매트릭스적인 환경에 좀더 자율과 다양성이 부여되어야 한다.

'한류'는 '문화 연대운동'이다. 모든 문화가 그러하듯 철저하게 자국만의 문화도, 타자모방으로서만의 문화도 없다. 문화는 타문화를 만나 수용, 모방, 배척을 통해 재창조된다. 재수용된다.

문화는 잡종의 DNA다. 혼종교배의 특수한 형태다. 한류에서 '한국민의 특유의 정체성' 혹은 '한류DNA'라는 특수성을 강조하는 것은 지나친 국가주의, 애국마케팅의 일환으로밖에 생각되지 않는다. K팝을 기획하기 위해 세계적인 안무가와 편곡자 혹은 프로듀서를 영입하고 있다. 이미 혼종은 이루어지고 있다. 글로벌은 혼종의 다른 이름이다. 한류는 하나의 로컬문화가 문화적 동질과 상이성을 넘어서서 상이한 문화들과의 공존하는 지점인 것이다.

스토리텔링과 한류 동양주의
―황순원의 소설 「소나기」의 경우

1 동양적 감성주의와 탈식민주의

동양주의에서 순수주의에 대한 정념은 오랜 관습이다. 마음에서의 한 지향이었다. 근대 속에서의 '동양주의'는 극단적 서구화의 논리 속에서도 "잃어버린 순수한 기원 혹은 원시적인 것을 되찾고자 하는 정념"과 관계한다. 한국사회가 급진적 근대화의 과정 속에서도 제3세계적 탈식민주의의 성향이 공존하는 이유는 바로 여기에 있다. 동양문화는 기원으로서의 원시성을 '어린이', '여자', '자연'에서 찾고자 한다. 이란 영화 <내 친구의 집은 어디인가요>압바스 키아로스타미 감독, <천국의 아이들>마지드 마지디감독에서 어린아이들의 천진성과 세상의 모호성을 환기할 수 있다. 첸 카이저와 장이머우의 중국영화에서 '어린이', '여자', '자연'의 범주가 공동체, 국가, 학습, 사랑, 혁명, 자연, 젠더의 범주와 뒤섞이면서 진행되는 것에 주목해 볼 필요가 있다.

물론 동양적 순수성, 동양주의에 대한 것은 '복고'라는 반동적 혐의에서 자유로울 수가 없다. 1990년대 초 한국영상매체는 영화 <접속>, <편지>, <약속> 등에서 멜로의 복귀를 선언한다. 소설에서는 『봉순이 언니』, 『기차는 7시에 떠나네』, 『가시고기』, 『열한 번째 사과나무』 등이 감상주의의 극대치를 향하여 질주했다.

사랑은 무브 Money, Orgasm, Variation, Energy

1990년대 새로운 것은 '미래'가 아니라 '과거'였다. 회고주의적 사고는 과거에 대한 퇴행성이며 '악마적 현실'을 외면한 문화 반동주의라는 극단적 비판도 맹렬하게 쏟아졌다. 한국적 멜로에는 근대초엽 일제 강점 하에서의 '신파'와 연루된 과장과 과잉의 장르였다. 정치적 급변화 속에 놓여있던 한국정치사 속에서 유아적 소녀기로의 자기연민, 정치적 보수화의 다른 이름에 불과했다.

그런데 왜 다시 복고이며 왜 다시 순수인가.

'근원으로의 회귀'와 '자연으로의 회귀'는 다양하고 복잡한 기능성의 시대, 불확실한 우연성의 포스트 근대가 과거 자기 몸에 새겨진 자취와 흉터자국을 스스로 더듬는 자기연민일수 있다. 그러나 삼성적 연민주의가 곧 통속성이라는 의식은 어떤 점에서 서구적 문학의식 속에서 고유의 전통을 배제화, 주변화하려는 이도일 수도 있다. 다시 말해 우리가 대중문화를 폄하할 때 그 이면에 '비서구적=통속적=감상적'이라는 등식이 은연중에 작동하고 있는 것은 아닌가 주목할 필요가 있다.

근대문학 백년의 역사 속에서 동양적 기괴담현실과 초자연의 교융현상, 전설의 고향 류의 귀신이야기, 강시이야기 등이나 동양 무협지무와 협의 정신을 강조하는 상상력은 미신적인 것으로 폄하되었다. 전근대의 낙후성으로 폄하되어 왔다. 본격문학, 정통문학이라는 인식 속에는 '서구 지상주의 지식풍토'가 자리해온 것이다. 요컨대 동양적 감성주의가 통속이라는 무의식이 내재해 있다는 사실이다.

근대진보적 이성은 여성적 멜로를 언제나 부정적으로 폄하했다. 어떤 점에서 동양적 온정주의, 연민주의, 동양적 대중과 전통적인 것을 들여다보는 우리의 시선도 서구 중심 오리엔탈리즘을 답습하고 있다. 근대주의자의 시각 속에서 스스로를 타자화시킨 것은 아닌지 반성해 보아야 한다. 오히려 대중적 향수의 과정에 대한 자신의 진솔한 고백이 필요한 때이다. 정치적 자의식을 지닌 엘리트 지식인들이 민족문학론의 주창 속에서 내적으로는 대중문화 향수에 대한 근원적 그리움을 억압당해왔다는 '자기분열적 고백'은 의미심장하다민중주의자도 드라마를 보며 눈물을 흘린다! 그리고 부끄러워 금방 눈물을 훔친다.

복고는 일종의 자기 고백, 숨겨진 미시서사 속에서 내면 발견 과정이다. 멜로드라마는 삶의 일상성 속에서의 감정, 소서사에 대한 곡진한 기록들이다. 물론 그것은 영원성에 대한 추구, 불변의 진리에 대한 믿음이라는 점에서 주류종교나 철학의 독트린과 같다는, 즉 낡은 도그마라는 혐의도 동시에 안고 있다.

그러나 1990년대는 자기고백의 시대였다운동권 후일담, 여성주의 서사와 시, 동성애와 젠더, 몸에 대한 고백. 고백의 서사는 타자와 주체, 중심과 주변화라는 비판적 자의식 속에서 궁극적으로 자기 내면을 타자적 시선으로 살피는 것이다. 미시정치학의 실천이라 이름할 수도 있다.

동양적 온정주의, 연민주의, 자연으로의 회귀에 대한 관찰이 문화적 민족주의라는 입장은 아니다. 문화에 관한한 '홀로서기'

사랑은 무브 Money, Orgasm, Variation, Energy

란 없다.어떠한 정체성도 상대를 생각하지 않고는 성립될 수 없다. 근원주의에 대한 망상도 없다.

다만 최근의 동양풍의 흐름들〈대장금〉 등 한류열풍, 김기덕 영화 〈봄여름가을 겨울 그리고 봄〉 속에서 자국 스스로를 타자적 시선으로 주목할 수 있는 비판적 거리의식을 가질 필요가 있다. 동시에 대위법적인 조화 속에서 동양적 대중이란 무엇인가, 동양적 심성과 자본주의와의 은밀한 관계는 무엇인가를 도전적으로 살펴볼 필요가 있다. 즉 문화연구는 주변과 중심 사이를 이동하면서 끝없는 타자화 과정을 경험하지 않으면 안 된다. 방법적 부정성, 자기해체를 적극화해야 하다.

최근에 고급 / 저급통속 문화의 수직적 위계근대적 관점의 리비스의 문화론이 빛을 잃고 있다. 새로운 문화양식들이 내적으로 혼합 장르적 형태를 지향하고 있다. 외적으로 독자성을 내세우며 무수히 소통하는 텍스트로 등장하고 있다. 근대적 단일성에 대한 의미 있는 균열이라 할 만한 것이다. 서사장르와 드라마, 영화, 만화와의 호환은 텍스트들이 서로 소통하고 그 소통 속에서 대화적 생성을 풍부하게 제공하는 방식이다. 복합적인 멀티미디어와 그에 기반한 문화양식과 문학 인접 장르들이 결합하고 있다. 문학과 문화의 다양한 경계 속에서 상호를 촉진하는 상호텍스트성이 나타난다. 경계 활성화라 할만하다.

황순원의 소설 「소나기」1953는 HDTV문학관 드라마 〈소나기>²⁰⁰⁵로 재탄생한다. 두 장르의 매체 호환 속에서 동시대적 의미, 문화적 감수성과 시대적 맥락이 드러난다. 이 글에서는 사랑, 성장, 여성이라는 기원주의, 순수와 동양주의의 의미를 찾고자 한다. 동양주의를 타자적 시선에서 살피고자 한다. 동시에 동양적인 것이 한류의 중심이 될 수 있다는 한 예증을 살피고자 한다.

2 '자연'으로의 회귀, '순수'의 구성

황순원의 「소나기」는 소녀와 소년이라는 순결한 주체의 순수한 사랑을 보여준다. 소년 시점에서의 성장소설로 논의되어 왔다. 순수사랑의 결정체 혹은 아이콘으로서 「소나기」는 무엇보다 '자연으로의 회귀' 혹은 '자연'을 통한 '기원'을 반복해서 탐구한다. 소년과 소녀를 이어주는 모든 매개들은 '자연물'이다. 우연의 소산으로서의 소나기, 조약돌, 무, 소 등이 배치된다. TV문학관 <소나기>는 과거 전통의 미장센을 철저하게 화면 위에 배치함으로써 의식적으로 전근대의 시각이미지를 이용하고 있다. '자연으로의 회귀'는 전근대의 생명이미지를 회고하는 과거적 시선을 내장한다. 과거의 민족지로서 '자연'은 회고적으로 자연을 돌아보는 시선이면서 동시에 전방을 바라보는 시선이다. 회고한다는 것은 채워지지 않는 현존에 대한 회환과 이제부터 도래할 것에 대한 약속을 동시에 의미한다.

두 개의 다른 시간— 과거회고와 미래지향, 노스탤지어와 이

사랑은 무브 Money, Orgasm, Variation, Energy

상주의가 합쳐지는 것은 언뜻 불가능해 보인다. 하지만 영상 이미지는 그 두 개의 시간이 합쳐지는 적합한 장소가 된다. 근대 이전의 자연적 공간, 근대적 분열과 갈등이 존재하지 않는 비현실적 순수주의. 그것은 연대기적이고 역사적인 시간의 민족지일 뿐 아니라 꿈의 시간, 되살아난 신화의 '민족지'이기도 한 것이다.

HDTV문학관 <소나기>는 자연풍의 채광으로 여름의 녹색과 하늘풍경, 시골 밤 모기연기를 피워 올리는 평상 위 풍경 등을 영상미 넘치게 펼쳐놓는다. 기존 아날로그 텔레비전의 경우 화면의 비가 4 : 3이어서 풀샷full shot이나 롱샷long shut 등을 쓰는 것은 한계가 있다. 그러나 HDTV는 풀샷이나 롱샷과 같이 배경을 포함한 장면을 연출하기가 용이하다. 소설 「소나기」가 역사적 시공

한류라는 유령 혹은 그 실재

간성이 거의 배제된 채 소년과 소녀의 순정에 집중하고 있다면 드라마는 역사적 현실적 공간을 내러티브 전개에서 구체적으로 재배치하고 있다. 근대와 개인의 정체성, 전통과 근대 사이에서 억압의 지점과 슬픔의 정서를 찾는 텔레비전 관객의 향수과정을 고려해서이다. 한국 드라마에서 순정물은 전통적으로 근대화 담론의 과정에서 소외되는 개인의 문제, 집단 속에서 타자화된 주체의 억압지점을 드러내곤 한다.

드라마 <소나기>는 순수의 모습과 근대 사회의 도래라는 국면을 겹쳐서 보여준다. 이를테면 혈통 있는 양반집에서 소녀의 어머니가 재가하는 것으로 소녀가 홀로 남겨지게 되었다는 사실, 가부장적 남성혈연체계로 이루어지는 윤초시의 집안에 자손이 끊어지고 그 많은 전답이 속된 자본가에게 넘어가게 되는 국면, 윤초시 집에서 대대로 마름노릇을 하며 힘겹게 살아가는 소년의 집안이라는 설정 등이다. 봉건의 해체, 신분제의 붕괴, 전근대적 정체성과 근대적 정체성이라는 역사적 국면이 드라마 서사의 중요한 물질적 현실성을 부여하고 있다.

드라마는 전근대질서가 서서히 붕괴되고 근대로 이양되는 과정에서의 소년과 소녀 순정에서 근대적 순수를 찾고자 한다. 그것은 외부의 사회적 조건에 영향을 받지 않는 두 사람 간의 인격적 감정적 관계인 '순수한 관계'에 대한 탐구다. 근대는 전근대의 계급상승의 기회비용을 포기한 데 대해서 근대의 낭만적 사랑이라는 보상을 주게 되는 셈이다. 소년은 소녀의 집안에서 대대로 마름을 부쳐먹는 신분적 계급적 열등함을 지니고 있다. 하지만 근대의 연정은 전근대적 계급을 벗어난다는 데서 그 '순수성'을 보장받으려 한다. 소년과 소녀의 순수한 관계란 외부의 사회적 조건에 영향을 받지 않는 두 사람 간의 감정에서 비롯되며 그 관계는 그 자체의 내재적인 성격에 의해 지속된다는 사실이다.

그러나 <소나기>에 나타나는 '순수의 구성'은 계급해체라는 측면에서 근대적 사랑구성이면서 근대 순정물이 가지는 과잉 감정주의를 넘어선다. 침묵과 여백, 감정적 절제의 미학성을 견지하고 있다는 사실이다. 즉 동양적 '순수'는 근대의 성과 사랑이라는 일상직 부르주이 양식을 배제한 채 일종의 과잉된 '절제'와 '모호함'으로만 지탱된다.

근대적 순수를 보장받기 위해서는 존재들은 결국 '부재'를 견뎌내야만 한다. 그것은 흔히 '여성의 죽음'으로 표면화된다. 다시 돌이킬 수 없는 죽음이야말로 사랑이 요구하는 희생이며 사랑이 격정적으로 타오르게 하는 계기다.

1990년대 초 <편지>, <약속>에서 남자 주인공은 여자 주인공을 남겨두고 죽는다. 그러나 대개 근대화과정에서 비롯된 멜로드라마는 여성의 희생을 갈등의 극단적 해결방식으로 만들었다. 혹은 체념과 포기와 같은 역사 포기로 이끌어갔다. 체념과 슬픔의 정조를 유발시키기도 했다.

<소나기>에서 가녀린 소녀의 이른 죽음은 순수성에 대한 극단적 성취를 이루는 지점이다. 소년이 '순수한 관계'를 과거의 기억으로 간직할 때 기억주체로서의 근대인이 될 수 있다. 근대 주체는 잃어버린 순수의 기원을 과거 '기억'의 형태로만 간직하면서 현재적 혼돈을 감당하고 성장해 간다. 소년이 성장하기 위해서 소녀는 죽어야 하는 것이다.

3 연애의 탄생, 연물戀物의 발견

1910년대 중반까지 '연애'는 물론 '사랑'이라는 단어도 그리 두드러지지 않았다. 1900년대의 정신은 모든 열정을 국가에 헌납하도록 요구받던 시대였다.

3·1운동 이후 새로운 문화정치는 신교육을 받은 학생들에게 새로운 시형을 만들어내게 하였다. 그때 등장한 상품 중의 하나가 '연애'다. 1920년대 청년들은 연인끼리 일어로 시를 지어주고 받기도 하고, 투르게네프와 톨스토이의 소설을 읽으며 외래의 사랑을 실천하기도 했다. 연애는 일종의 이국취향으로 경험되기 시작한 것이었기에 근대적 책과 영화에서 학습하고 동경하는 어떤 것이었다. 하여 사랑이 생기기도 전에 사랑하고자 하는 욕망이 먼저 자라났다. 신성한 연애에 대한 가치는 충분히 명백했다. "다만 연애의 대상이 없을 뿐." 그러니까 국가정신의 시대가 지나

사랑은 무브 Money, Orgasm, Variation, Energy

고 개인적 독자성의 옹호로서의 문화culture의 개념이 들어서면서 '연애'는 개인주의의 실천의 한 형식이 된 셈이다.

<소나기>에서 소년과 소녀의 만남은 전근대의 붕괴 속에서 근대의 대중적 형식으로서 '연애'다. 연애열은 궁극적으로 개인의 발견이라 할 수 있다. 사랑이 비극과 결합할 때 그 개인적 정체성 형성은 강렬한 순도로 타오르게 된다. 그것은 사랑하는 연인의 죽음이 온전히 극단적 개인, 사랑을 나누어온 유일한 상대인 자기 자신의 실존적 몫이 되기 때문이다. 사랑과 이별이 극개인적 문제가 되는 것도 이러한 이유에서다.

소녀와 소년의 만남은 '연물의 발견'으로 이어진다. 연물懸物은 자본주의 상품을 애무하듯 소비하는 사물숭배를 의미한다. 동시에 고대 동양에서 신의를 지키기 위한 신물信物의 의미를 지니는 것이기도 하다. 유리왕과 주몽의 만남에서 부러진 칼을 찾아 맞추어보는 과정, 헤어져 있는 연인이 깨어진 거울조각을 맞추어보는 것으로 인연을 확인하는 일 따위가 신표信標의 기능이다.

동양주의에서 신표와 연물에 대한 관심은 보이지 않는 '부재의 환영에 대한 감정적 물신화'와 연관되어 있다. 동양적 정신주의에서는 극단적으로 명백한 실체는 숭고의 대상이 될 수 없다. 강렬한 태양빛은 시각적으로 너무나 명백한 암흑과 다를 바가 없다.

그런 점에서 동양적 자아는 말로 표현할 수 없는 의식의 단계

한류라는 유령 혹은 그 실재

속에서 사물의 세밀한 부분에 이르고자 하였다. 내면의 '마음'을 향하고자 하였다. "마음속에 있는 정밀하고 세미한 것은 말로 표현할 수 없다" 心之精微, 口不能言, 정호의 「답횡거선생정성서」에서. 이심전심, 사랑하는 연인끼리 정물의 주고받음은 말로 표현할 수 없는 감정의 물질화에 해당하는 것이다.

사실 이와 같은 감정의 물질화는 원시적 숭고와 연관되어 있다. 토템숭배에서 토템 의식을 통해 보이지 않는 것과 교감하고 혼돈의 자연에 질서를 부여하는 것 말이다. 연인 사이에서의 신표, 연물은 원시적 교감의 산물로서 현실 속의 환상이며 환상의 형식이라 할 수 있다.

소녀와 소년의 만남에서 주고받는 것은 소녀가 개울가에서 만난 소년에게 던진 조약돌, 소년의 등에 업혔을 때 입은 흙이 묻어 있는 소녀의 스웨터 같은 것이다. 소녀는 죽으면서 흙이 묻은 자신의 스웨터를 관에 함께 넣어달라고 한다. 소년은 소녀가 자신에게 던진 조약돌을 만지작거리면서 개울가에서 죽은 소녀를 생각한다. 사랑은 '부재'를 통한 '환영'에 의해 완성되는 환각이기에. 사랑에는 '작용하는 허구'가 늘 개입할 수밖에 없다.

연물은 부재하는 대상을 채워

사랑은 무브 Money, Orgasm, Variation, Energy

나가려 한다. 페티시즘의 한 측면을 제공한다. 페티시즘은 원래 도착적 인공적 인체조작과 위반된 성적 상상과 연관된다. 그러나 멜로드라마에서 연물은 부재의 궁극적 힘과 기운을 완성시키는 어떤 것이다.

드라마 <올인>에서의 '오르골'과 드라마 <겨울연가>에서의 '폴로로이드 목걸이'가 이에 해당한다. <올인>의 여주인공은 '오르골'을 가끔씩 열어 음악소리를 들으며 과거의 사랑을 추억한다. <겨울연가> 여자 주인공도 '폴로로이드 목걸이'를 만지작거리며 사랑을 잊지 않는다. <프라하의 연인>에서의 호각, <파리의 연인>에서의 포스트 잇. 이와 같은 연물은 소비산업화 속에서 상품 속에 연정을 투사시키는 자본주의사회에서의 페티시즘을 환기시키기도 한다. 소비산업화 속에서 상품 소비와 페티시즘이 개인 몽상의 과정으로 진행된다.

소설 「소나기」에서 소년이 소녀의 기억과 함께 간직하는 것들은 '소나기', '개울가', '조약돌', '호두알' 같은 자연물이다. 그러나 근대적 역사적 전환기를 물적 토대로 하는 TV문학관에서 소년은 소녀가 선물한 검정고무신을 신고 있다. 자연물과 달리 '검정고무신'은 자본주의의 상품이다. 상품적 인공품을 통해 사랑의 환상은 매개된다. 메이드made의 인공성과 상업화의 상징들은 자본적 교환가치와 동양적 신표가 결합한 것이라 할 만하다. 도시적 일상에서 연물이 구체적 특징으로 나타나게 된 것은 1997년 영

HD TV문학관 소나기

화 <접속>에서다. 사랑하던 여인이 준 음반을 계속해서 듣고 있는 남성의 모습으로, 밤마다 통신안에서 메신저를 주고받는 문자 애무증愛撫症의 모습으로 드러난다.

<소나기>에서 '검정고무신'은 문화적 취향과 문화적 신표로서의 상징, 문화적 에로티시즘의 물신物神이 아니라 실제 소년이 필요로 하는 필요요건으로서의 고무신이라는 측면에서 자본주의적 상품화의 의미가 좀더 두드러진다. 소년은 나달나달해진 검정고무신을 개울가에서 잃어버리게 된다. 소녀는 시장에서 새 고무신을 사서 소년에게 선물한다. 드라마 연출자가 문화적 코드의 교환이라기보다 대중적 상징을 염두에 두었다 할 수 있다. 즉 '신발'은 '다가옴'과 동시에 '달아남'이라는 연인적 거리관계, 사랑하는 대상 그 자체은어 "고무신 거꾸로 신었다."라는 말 등를 상징한다. 소년이 선물 받은 검정고무신을 개울가에서 잃어버리게 되면서 소녀는 죽게 된다는 알레고리적 상징을 보여준다.

4 부재의 신비학과 두 명의 여성

순수성의 환상이 자본주의 상품을 담보하면서 매개된다는 것은 역설적인 사실이다. 즉 연물은 자본주의 상품의 일종이다. 화폐로 산 '선물'의 일종이기 때문이다. 현대의 연인들은 교환가치로 낭만적 사랑의 가치를 실현하며사랑의 수많은 이벤트들은 너무 많은 돈이 든다. 심지어 사랑의 상징인 백송이 장미의 가격이라니! 증명한다. 무엇보다 여성은 근대 물질주의의 화신으로 상징화되어 있다. 여성은 물질적 봉양을 필요로 하는 존재로 인식되기 때문이다. 존재의 결여감을 달래주는 것, 부재의 결핍감을 달래주는 것은 궁극적으로 상품이라는 사실. 상품으로서의 연물에 사랑의 환각과 기억이 보존된다는 점이다. 연물에는 과거 기억의 시간이 물질화된 채 농축되어 있다. 연물은 상품이데올로기를 은폐하고 근대낭만주의 사랑을 완성시킨다.

드라마 <소나기>에서 근대적 문물_{선물, 연물}, 근대적 사랑의 교환이 '여성'에 의해 주도된다는 것은 크게 놀랄 일은 아니다. 소녀가 소년들보다 감정적 정서적 발달이 빠르다는 사실은 일반적인 상식이다.

1920년대 '연애'가 유행처럼 형성될 무렵 연애의 주역은 기생들이었다. 그 다음 카페 마담과 여급들이 연애의 주도자들이었다. 근대 낭만성을 주도하면서 '사랑'의 감정을 담당하려 했던 여성은 근대문물과 정서의 주체적 세력이었다. 소녀는 소년에게 '조약돌'을 던지며 "바보!"라고 외친다. 여성은 근대 남성에게 '사랑'이란 감정을 성숙시키고 전달하려한 프로메테우스적 존재였던 셈이다.

그러나 궁극적으로 근대적 사랑을 전달하는 여성은 근대 남성환상이 만들어놓은 또 다른 여성 이상화라 할 수 있다. 궁극적으로 여성은 초월적인 장소를 차지하는 존재, 궁극적으로 이상화된

사랑은 무브 Money, Orgasm, Variation, Energy

객체이다. "현실에 존재하지 않는 것". 그것은 마치 타자와 같다. 너무나 소중하기 때문에 숨어 있지 않으면 안 되는 타자에 접근하는 것이다.

소녀는 소년이 한 번도 본 적이 없는 도시적 풍모로 나타난다. 하얀 얼굴과 블라우스, 스커트와 구두, 소녀는 소년에게 불가사의한 정신적 존재, 파괴되지 않는 순수한 이상으로서의 존재인 셈이다. 소녀는 개울가에 나타나기도 하고 사라지기도 한다. 학교에 나오기도 하고 병 때문에 결석하기도 한다. 모호한 육체성을 드러낸다. 즉 소녀는 정신적이면서 불가시적인 존재, 환기할 수는 있지만 직접 만지거나 경험될 수는 없는 신성한 장소를 암시한다. 소녀는 최종적으로 무덤 속에 봉인됨으로써 근대 여성 신화를 완성시킨다. 소녀는 이상적 기원으로서의 '자연'이면서 '문화'이며 '비어있는 공허'이다. 동시에 연물로 남아 있는 가상적 '현존'인 셈이다.

한편 드라마 〈소나기〉에서 근대적 자본주의 형태로 특징지어지는 사람은 소년의 어머니다. 소년의 어머니는 아들만 둘 낳는다. 남성혈연적 계보를 이어가면서 어느 누구보다도 자신의 아들 둘을 "남보란 듯이 성공시키겠다"는 가부장적 남근적 여성으로 등장한다. 딸만 하나 낳고 가문의 대가 끊기게 된 윤초시 집안과 대조를 보여주는 부분이다. 소년의 어머니는 가족을 위해 열심히 물질호롱불, 신발, 음식과 돈을 아낀다. 운동회에 나가서도 공책 몇 권

한류라는 유령 혹은 그 실재

을 상품으로 타기 위해 속임수를 쓰는 자본주의적 속물근성을 드러낸다. 봉건적 신분제 몰락과 함께 가부장적 자본주의의 도래를 드러내는 한 국면이다.

이렇게 하여 TV문학관에서 근대의 여인상은 두 유형으로 나누어진다. 소녀와 소년의 어머니는 순수/세속, 정적/동적, 비현실적/현실적, 가부장의 붕괴/가부장의 재건이라는 근대 여성이분법을 반복한다.

결국 소년은 근대의 전달자인 '소녀의 희생소녀의 죽음'을 통해 비로소 근대적 주체로 태어난다. 소녀가 죽은 뒤 계절이 흘러 겨울이 된다. 소년은 조금은 성숙한 모습으로 눈이 오는 산길에서 나무땔감을 지게에 모은다.

근대 남성이 주체로 성장하는 데에 여성은 근대 '사랑'의 전달자로서 유토피아적 숭고한 존재다. 동시에 근대적 문물의 제공자라는 양극단적 존재로 나타나고 있다. 여성은 궁극적으로 남성을 근대주체로 형성하게 하는 동력자이자 매개자, 근대 환상의 제공자이다.

사랑은 무브 Money, Orgasm, Variation, Energy

텔레비전 드라마는 극단적 사건구성을 피한다. 일상성 속에서 멜로를 구성하는 장르적 특징을 지닌다. 한국 순정드라마는 텔레비전의 장르적 구동을 최대한 이용하면서 '자연'을 통해 동양적 순수주의, 기원추구를 반복 탐구하는 작업⟨겨울연가⟩, ⟨가을동화⟩이었다. 1990년대 이후부터 여행자유화에 따른 엑조티즘의 영향 속에서 이국풍물을 트렌드화하는 경향⟨파리의 연인⟩, ⟨프라하의 연인⟩ 등으로 흐르기도 했다.

최근 한류열풍 속에서 한국의 멜로드라마가 새로운 구성체로 등장한다. 텔레비전 드라마가 깆는 자상한 일상성, 시각적 영상미, 세심한 디테일이라는 현대성에 대한 동양적 재구성과 연관된다. 무엇보다 '첫사랑', '순수', '자연', '여자', '어린아이'라는 원시성을 원천으로 하는 한국드라마는 절제와 마음의 기운으로 통하는 동양주의를 보여준다. 근원에 대한 추구를 보여준다. 유년의 공간과 유년의 첫사랑 등은 시적 절제와 순수성으로서 비어 있는 공백을 기표화하고 있다. 시적 절제는 동양적인 것과 연관된다. 한국 드라마는 시적 함축을 통해 모호함과 응축, 고독과 순결이라는 순수의 숭고성을 높이고 있다.

자연으로의 회귀와 순수한 첫사랑과의 결합, 한국드라마의 '순수주의', '기원으로의 회귀'는 한류의 동양주의에서 문화횡단적인 탐구를 하도록 한다.

근원적인 신화, 비어있는 텅 빈 순수, 첫사랑의 순정주의는 불교와 도교에서의 '무', '근원으로의 지향'과 연결되어 있다. 동양주의에서의 순수는 도교적 측면에서의 마음의 보존, 본성으로서의 순수와 결합한다. 원시성으로서의 자연과의 결합은 동양적 숭고성과 연결된다. 디지털 문명지대 속에서 동양주의의 '근원'에 대한 탐구는 서구철학의 이분법적 한계를 넘어설 수 있는 한 전망을 보여준다.

사랑은 무브 Money, Orgasm, Variation, Energy

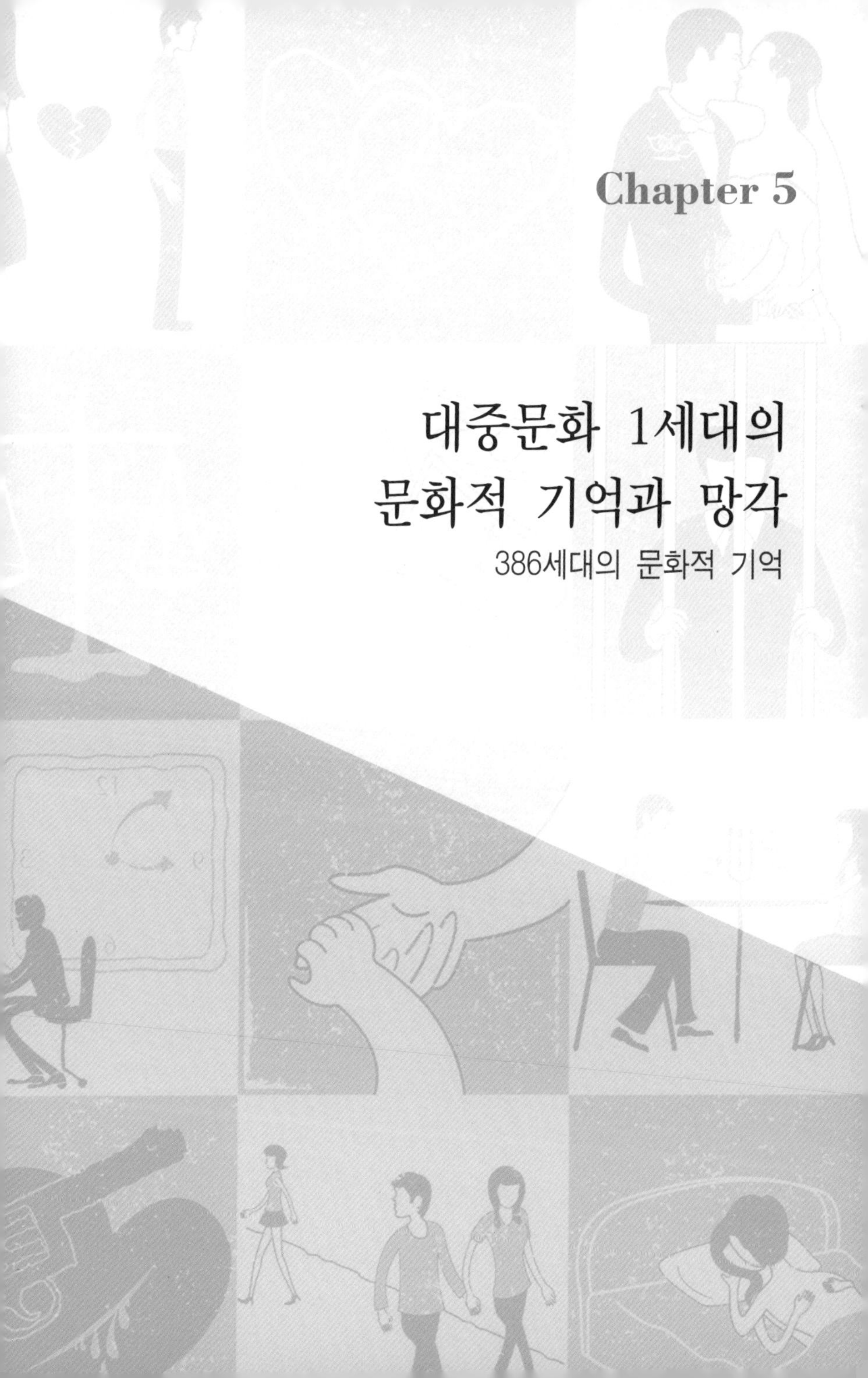

Chapter 5

대중문화 1세대의 문화적 기억과 망각

386세대의 문화적 기억

얼마나 먼길을 헤매야 아이들은 어른되나
얼마나 먼바다 건너야 하얀새는 쉴 수 있나
얼마나 긴 세월 흘러야 사람들은 자유 얻나
오 내 친구야 묻지를 마라
바람만이 아는 대답을

얼마나 긴세월 흘러야 저 산들은 바다되나
얼마나 여러 번 올려봐야 푸른 하늘 볼 수 있나
얼마나 큰 소리 외쳐야 이 노래가 들려지나
오 내 친구야 묻지를 마라
바람만이 아는 대답을

얼마나 긴밤을 지새야 푸른 불빛 볼 수 있나
얼마나 높은 산 넘어야 고운 사람 만나 보나
얼마나 큰 눈물 흘려야 환한 웃음 가져보나
오 내 친구야 묻지를 마라
바람만이 아는 대답을……

오 내 친구야 묻지를 마라
바람만이 아는 대답을……

— 〈바람만이 아는 대답(Blowin' in the wind)〉
밥 딜런 작사·작곡, 노래 양병집 개사

'대중문화 1세대'의 문화적 정체성

유하는 70년대 초반에 청소년기를 보낸 이들을 '대중문화 1세대'라 부른다. 70년대에 청년기를 보낸 이들을 '이소룡세대'라 명명[1]한다. 무엇보다 이 당시가 대중문화의 스펙터클이 본격적으로 전파되고 그의 세대가 그것에 감염된 1세대라는 점이다. 유하는 70년대 문화적 감수성을 '계몽사'의 세계명작 동화와 만화책, 흑백 TV, 동시 상영관, 세운상가 등에서 찾고 있다.

'대중문화 1세대'라는 특정한 세대적 명명은 세대론이라는 범주론의 한계를 환기시킨다. 세대론은 자기 세대의 경험을 특권화하는 폭력적 구분화의 전략이다. 동일한 세대 안에 산포된 차이를 하나의 동일성으로 환원시켜 버리는 논리이다. 세대론적 감수성이 실재한다는 사실과 그 세대에 포함된 개체들이 세대의식을 공유한다는 것은 별개의 문제일 수 있다.

그럼에도 문화적 체험을 근거로 세대의식이라는 집단적 정체성을 상정할 수 있다. 집단적 감수성을 공유한다는 점에서 세대론을 단순한 허위의식으로 폄하하기에는 부적절하다. 세대론의 위험을 전제하면서도 "왜 대중문화 1세대인가"라는 질문은 유효하다는 사실이다.

다시 유하의 '대중문화 1세대' 이야기로 돌아가자. 이들은 한국 역사와 문화사에서 중요한 매듭점이 될 수 있다. 1970년대는 급격하게 티브이의 보급이 확산되었다. 그와 함께 대중문화가 빠른 속도로 일상생활 속으로 유행하기 시작하던 시절이다. 이들은 삶과 대중문화의 경계가 무너지면서 대중문화가 생활이 되기 시작하던 시절을 청소년기에 보낸 세대이다. 이 글에서 대상으로 하는 '유하'를 이 세대의 대표적 아이콘으로 상정하는 것에 일정량의 비약이 내재할 수밖에 없겠다. 하지만 나는 유하의 작품을 통해 70년대 청소년기를 보내고 그 속에서 문화적 정체성을 길러낸 세대적 의미들을 묻고자 한다.

1960년대는 전 세계의 변혁운동이 분출하던 시절이었다. 1960년대 미국은 미국 역사상 가장 혁명적인 시기를 거쳐 오게 된다. 마틴 루터 킹의 흑인 인권운동, 베트남 전쟁에 대한 반전데모, 히피문화로서의 반문명운동, 여성운동 등이 그것이다. 거기에 짐 모리슨, 제니스 조플린, 지미 헨드릭스의 격렬한 록과 우디 거스리, 밥 딜런, 피터 폴 앤 메리, 존 바이에즈의 포크 등이 보태진다. 록페스티벌인 우드스탁 등 격렬한 변화와 혁명적 기류[2]를 타고 있었다.

이와 같은 기류는 한국청년문화에 영향을 주었다. 1970년대 한국은 박정희 정권의 유신독재와 긴급조치로 삼엄했다. 국민총화와 사회 건전 풍토 조성이라는 공구호만 휘날렸다. 이때 미국의 청년문화는 한국에 자유와 저항과 허무라는 청년문화의 상징

사랑은 무브 Money, Orgasm, Variation, Energy

으로 받아들여졌다. 청바지, 통기타, 생맥주는 당시 세계적으로 유행한 청년문화의 세대적 상징이었다. 영화 <바보들의 행진>하길종에 나오는 장발과 스트리킹은 현실적 폭압속에서 청춘의 무기력함을 보여준다. 희극적 허무를 드러내는 기표었다. 1970년대 포크계열의 노래가 유행하고 중국 무협영화, 할리우드 영화가 대거 유입되었다. 『스포츠신문』, 『일간 스포츠』 등을 통한 스포츠 대중화와 『선데이서울』, 『플레이보이』지 여성잡지 등에서 성적 호기심과 지식(?)이 음성적으로 대중적으로 유포되었다.

  1970년대 대중문화 이식 속에서 나타나는 문화적 감수성과 정체성을 짚어보고자 한다. 70년내에 대한 문화적 기억이 1990년대에 '추억'으로, '호명'되는 방식에 주목하고자 한다.

1970년대 외래 대중문화의 탐닉과 위반

  유하 시는 대중문화에서 시적 소재를 적극적으로 차용한다. 대중문화 중독자의 모습을 서슴없이 드러낸다. 만화, 광고, 영화, 포르노, 무협지 등에서 시어를 적극 도입한다. 자신의 문화적 감수성의 시원이 어디에 있었던가를 표면화한다.

  이러지도 저러지도 못하는 지독한 마음의 열병,
  나 그때 한여름날의 승냥이처럼 우우거렸네
  욕정이 없었다면 생도 없었으리

수음 아니면 절망이겠지, 학교를 저주하며
모든 금지된 것들을 열망하며, 나 이곳을 서성였다네

흠집 많은 중고 제품들의 거리에서
한없이 위로받았네 나 이미, 그때
돌이킬 수 없이 목이 쉰 야외 전축이었기에
올리비아 하세와 진추하, 그 여름의 킬러 또는 별빛
포르노의 여왕 세카, 그리고 비틀즈 해적판을 찾아서
비틀거리며 그 등록 거부한 세상을 찾아서
내 가슴엔 온통 해적들만이 들끓었네
해적들의 애꾸눈이 내게 보이지 않는 길의 노래를 가르쳐주었네

교과서 갈피에 숨겨논 빨간책, 육체의 악마와
사랑에 빠졌지, 각종 공인된 진리는 발가벗은 나신
그 캄캄한 허무의 블랙홀 속으로 빨려들어가고
나 모든 선의 경전이 끝나는 곳에서 악마처럼
착해지고 싶었네, 내가 할 수 있는 짓이란 고작
이 세계의 좁은 지하실 속에서 안간힘으로 죽음을 유희하는 것,
내일을 향한 설렘이여, 우우
무덤은 너를 군것질하며 줄기차게 삶을 기다리네

ㅡ「세운상가 키드의 사랑 1」에서

시인은 자신의 사춘기를 완성시킨 것이 무수한 불온한 욕망들의 복제품들이라 노래한다. 욕정과 마음의 열병으로 학교가 가르치는 제도와 규율을 이탈한다. "모든 금지된 것들을 열망하며" 시인은 이리처럼 승냥이처럼 중고제품의 거리를 헤맨다. 사춘기

사랑은 무브 Money, Orgasm, Variation, Energy

의 스승은 "세운상가⟨재즈1⟩"였으므로 시인은 "태양 아래 새로운 환락은 없다⟨재즈1⟩"는 금발 포르노 여배우의 농염한 쾌락적 허무 발언을 시적 잠언으로 삼기도 한다. 시인에게 금지된 모든 것들은 하류 대중문화다. 싸구려 복제품들이거나 외래문화들이다. 이를테면 올리비아 하세와 진추하, 포르노의 여왕 세카와 비틀즈 해적판 같은 "세상에서 등록이 거부된 것들"이다. 유하는 "<불루벨벳>이란 노래를 들으면 60년대 아메리카의 소도시가 나의 추억이 되고, 진추하를 들으면 70년대 홍콩의 밤거리가 나의 추억으로 화한다."[3]고 말한다. 시인의 문화적 감수성은 "교과서 갈피에 숨겨논 빨간책"에 있다. 악마적 절망이 숨겨져 있는 허무의 블랙홀 같은 포르노 잡지에 있다. 시인은 그 "육체의 악마"와 사랑을 하며 "이 세계의 좁은 지하실"을 통과하려 한다. 시인은 그러나 "흠집 많고 철저한 금기의 그 모든 것만이 자신의 위안이었다"는 것을 고백한다. 가슴에 들끓는 금기의 것들이 시인에게 "보이지 않는 길의 노래를 가르쳐주었"다고 노래한다.

수음과 절망의 나날을 견디며 세상의 금기된 것들로 몸의 불을 밝히는 이 "청춘의 레지스탕스"는 어떤 방식으로 구성되어졌는가.

1970년대는 대중문화의 급진전이 일어났다. 70년대는 대중문화의 성장으로 인해 대중들이 다양성과 개성을 서서히 체감하고 있었다. 그것을 표현하고자 하는 욕망에 들떠 있던 때였다.

그러나 군사정권은 '퇴폐풍조 일소 방안'이라는 폭력으로 이를 억압했다.[4] 청소년들에게 특히 군대식문화로서 학생지도부와 교련, 학도호국단이 결성되었다. 군사정부의 슬로건은 '민족 주체성의 확립', '조국 근대화', '사회악의 일소', '인간성 개조'였다. 대중문화는 통제와 검열 속에서 위축되거나 음성문화로 숨어들었다.

군대식 문화는 '퇴폐풍조 일소 방안'을 내걸며 군대식 문화 이외의 모든 것을 퇴폐로 낙인찍었다. 청소년들의 문화는 디제이 음악감상실, 고고장, 롤러스케이트장, 라디오 음악프로, 영화관 등을 통해 형성되고 있었다. 하지만 언제나 학생부 주임 선생의 감시에 쫓기는 검열 속에 놓여 있었다.

둥글게 커트한 뒷머리, 능금빛 얼굴의
여학생에게 편지를 썼다, 밤을 잊은 그대에게
신청곡은 졸업의 눈물, 사랑의 스잔나 진추하가
홍콩의 밤 열기를 담은 목청으로 내 마음을 전했다
그 여학생은 내게 능금빛 미소만을 쥐어주고
달아났다. 금성 트랜지스터 라디오 속으로 들어가
그녀를 기다리며 서성이던 날들, 폴 모리아
질리오라 친케티, 사이몬&가펑클, 모리스 앨버트

—진추하, 「라디오의 나날」에서

사춘기의 나날, 유일한 낙이 있었다면
오르넬라 무티, 린제이 와그너, 엘리다 벨리……
세운상가 다리 위에서 이방의 여배우 이름이나 뇌까리는 것,

—「세운상가 키드의 사랑 2」에서

사랑은 무브 Money, Orgasm, Variation, Energy

박정희 정권의 '민족 주체성'에 의한 전통문화 구축의 이면에 청년 문화는 강렬한 엑조티시즘의 정서를 뿜어내고 있었다. 이데올로기 대립국으로서 모든 사상적 문화적 제약, 여행의 제약을 감당해야 했다. 이 때문에 이국취향은 한국 대중문화의 중요한 취향이 되었다. 정보소통과 이동에서 제한과 금기_{해외여행의 제한}는 이국에 대한 가상적 낭만을 부추겼다. 은어로 "홍콩간다_{성적(性的)으로 '뽕'가게 만들어준다는 말}"라는 말이나 "요코하마귀신_{엑조티즘과 기담의 결합}"에 대한 이야기, 영화 <파리애마>에서 '파리'[5] 등은 서구문화, 이국정서에 대한 강렬한 호기심 속에서 발동되는 욕망기제였다. 현실도피적 측면이 있었다하더라도 일상생활과 금기적 현실에서 벗어날 수 있는 가상적 해결책이었던 셈이다.

시인은 라디오 프로에 홍콩의 이국적 환상을 느끼며 '진추하'의 노래를 신청한다. 사모하는 여학생에 대한 시인의 순수한 사랑의 형태는 이국적인 판타지를 통과함으로써 전달된다. 이국적 공간과 목소리가 매개될 때 청년의 순수와 지성이 낭만적으로 구성된다.

동시에 욕정과 사랑은 "포르노의 세상"으로 잠식되었으니 시인은 세운상가 다리 위에서 이방의 여배우의 이름을 뇌까린다. 금발 여배우의 매혹에 영화감독이라는 욕망을 꿈꾼다. 1970년 한국 청소년 남학생은 플레이보이와 같은 포르노 잡지 속에서 금발 미인을 통해 사춘기 욕정과 사랑을 해소했다. 성적 판타지에서 금발 콤플렉스는 이념상에서 레드 콤플렉스와 함께 한국 문화사의 중요한 억압과 욕망의 무의식적 지형도를 이루고 있다.

1970년대의 검열과 규제 속에서 청(소)년 문화는 더욱 가열찬 '불온성'을 향한다. 하위문화적 실천들이 지배문화에 대한 일종의 반발로서의 '스타일'이 되었다. 70년대 권위와 공포로서의 사회적 금기는 오히려 억압된 내면 의식에 대한 상징적 거부로 나아가게 했다. 하위문화의 불온성을 부추겼다. 시인은 "여선생의 스커트 밑을 집요하게 비추던 손거울과 은하여관 2층 창문에 매달려 내면의 음란을 훔쳐보던 거울의 포로「세운상가 키드의 사랑2」"가 된다. "발정이 날 때면 이글스의 호텔 캘리포니아"로 날아가거나 "최헌의 가을비 우산 속"을 듣는다. "꿈속의 소니 카세트"를 생각하기도 한다. "과외비 줄 돈으로 팬트하우스와 수지 콰트로를 사거나" "떠도는 부랑자처럼 통기타나 치며 일생「새들은 말죽거리에 가서 잠들다—성수에게」"을 보내야 한다고 생각한다. 시인은 "컴컴한 독서실 속의 수음"으로 일탈의 욕망을 잠재우고 "학교의 강렬한 불빛 아래서" 다시금 위반의 욕망을 매설할 수밖에 없는 자신을 한심해한다.

유하가 청소년기의 "고창극장"을 추억하면서 "문희", "트위스트 김", "쓰리보이 신선삼", "요깡과 쓰리미, 치클민트 껌냄새「문희—고창 극장을 추억함」"를 그리워하는 것은 극장에서 쇼와 영화가 주는 '환상'이 그의 문화적 감수성과 자아를 형성하는 욕망기제였음을

사랑은 무브 Money, Orgasm, Variation, Energy

암시한다. 그가 극장을 찾는 것은 영화가 주는 이미지를 탐했기 때문이 아니다. 영화관 자체의 어둠의 은닉성을 흠모했기 때문이다. 영화관의 어둠은 모든 금기된 것들을 덮어준다. 두둔해주고 또 꿈꾸게 해주는 불온한 쾌감의 실체였다.[6] 영화가 "정신의 방종에 가까운 자유로움"을 준다는 점을 환기할 수 있다.

유하가 보여주는 금기위반의 불온한 문화취향은 일반적으로 청년 하위문화의 실천적 저항 의미로까지 전제할 수 없다. 하지만 70년대 전통문화의 강박과 외래 대중문화 수용 속에서 지배 기성세대에 대항하는 세대의식의 일면이 있다. '저항적 갈등의 형태'라는 점을 주목해 볼 수 있다.

무협지의 판타지와 폭력 남성서사의 하류문화
― 영화 〈말죽거리 잔혹사〉

2003년 유하는 1978년 당시 자신의 고등학교 시절을 스크린 위에 담아 세상에 내놓았다. 1970년대 감수성으로 살 수밖에 없는 가장 예민한 문화 현실체험에 대한 회고 서사물이었다. 영화 〈말죽거리 잔혹사〉는 말죽거리 정문고에서 철저한 군대식 규율과 처벌 속에서 살 수밖에 없

대중문화 1세대의 문화적 기억과 망각 • 386세대의 문화적 기억

던 세대의 고통스러운 자기회고이자 낭만적 추억담이라 할 수 있다.

현수권상우는 깡패학교로 소문난 말죽거리 정문고로 전학을 온다. 전학 오는 첫날 카메라는 학교정문 위 팻말 "구국의 유신으로 새 역사를 창조하자"를 보여준다. 영화는 유신체제의 엄격함이 팽만한 시대를 배경으로 처벌과 감시, 억압과 지배의 철저한 폭력적 공간을 재현한다. 군대식 학교에서 학생들은 군인으로 훈육된다. 수업시간에도 군복을 입은 교련선생이 막대기를 들고 와 학생들의 소지품을 검사하고 폭력을 휘두른다. 선도부지도부학생들은 폭력 권력의 하수인처럼 같은 농급사 학생에게 교사와 똑같은 권력으로 폭력을 휘두른다폭력의 내면화 과정.

그 가운데서 현수는 학교 "싸움짱"인 우식과 우정을 쌓아가고 올리비아 핫세를 닮은 여학생 '은주한가인'를 짝사랑한다. 은주를 위해 통기타를 연습하고 친구들과 어울려 고고장과 독서실을 돌아다닌다. 현수와 은주는 둘 다 함께 엘튼 존, 진추하, 아바의 아그네스를 문화적 코드로 함께 공유한다. 영화는 당시 청소년 대중문화의 기표들을 보여준다.

영화에서 첫사랑의 말 못하는 안타까움 속에서 진추하의 노래 <One summer night>, <Fillings>가 흘러나온다. 우식과 함께 간 고고장에서는 <One way ticket>이 흘러나온다. 현수와 은주는 기차여행을 가서 기타를 치며 양희은의 <이루어질 수 없는 사랑>

을 부른다. 대학가요제에서 입상한 <나 어떡해>는 디제이 음악다방에서 흘러나오고 은주는 현수에게 나중에 대학가요제에 나갈 거냐고 묻는다.

그러나 영화는 당시 청소년 대중문화의 일면들과 함께 군사주의의 시대상을 본격화한다. <말죽거리 잔혹사>에서 현수는 짝이 가져온 포르노 사진 때문에 군인복을 입은 교련선생에게 매를 맞고 선배가 빼앗아간 교복칼라 때문에 기합을 받으며 야구방망이로 엉덩이를 맞는다. 선배들에게 반항했다고 구타당한다. 우식과 싸움 때문에 함께 벌서면서 선생에게 뺨을 맞는다. 청소년 교육의 현장은 군대에서의 훈육과 체벌, 독재집단의 감시와 억압의 현장으로 화한다. 교사들은 학생에게 욕설과 구타를 일상적으로 행한다. 상급교사가 하급교사의 뺨을 때리고 선도부학생은 교사로부터 이양 받은 권력으로 동료학생을 합법적으로 구타한다. 동급자 학생들 사이에서 힘이 센 자가 힘이 약한 자를 누른다. 아버지가 군인인 학생은 철저하게 학교권력으로부터 보호받는다. 일 년을 유급한 학생은 볼펜으로 동료의 머리를 찍고 모욕당한 학생은 분노로 동급생의 얼굴에 염산을 부으려 한다.

군국주의적 애국심과 남성적 기강은 철저하게 구타와 체벌에 의해 육체에 각인된다. 기존 질서에 대한 관념은 고통과 폭력을 통해 육체에 기억된다. 학교는 유신의 긴급조치와 같은 방식으로 학생들을 감시하고 처벌함으로써 폭력을 내재화한다. 주체의 사

사랑은 무브 Money, Orgasm, Variation, Energy

회화 과정에서 주체의 훈육과 체벌은 독재적 법과 질서에 따른 정체성을 형성하는 데 중요한 기능을 하는 것이다.

<말죽거리 잔혹사>는 1970년대 말 남성 문화로서의 군국주의의 폭력성, 패권주의를 전면화하고 있다. 남성은 살아남기 위해 죽음을 무릅쓰고 싸워야 한다. 척박한 남성 논리다. 선배와 맞장을 뜬 우식에게 현수가 왜 선배에게 순종하지 않았느냐고 묻자 우식은 "쪽팔리면 학교생활 꽝이야!"라고 말한다. 누군가에게 물러서는 순간 남성은 스스로의 권력을 모두 이양하고 자신의 존립적 근거를 잃고 만다는 논리.

남성 문화에서는 폭력과 억압으로 권력을 창출하고 타자를 배

제함으로써 권력을 독차지한다. 또한 이 폭력의 공범자들인 남성들 안에서도 어김없이 지배와 복종 관계가 적용된다. 획일적인 남성 지배문화에 따르지 않는 남성들을 가장자리로 내몬다. 권력을 차지한 집단 안에서도 그 주도권과 우위를 놓고 심한 다툼이 벌어진다.[7] <말죽거리 잔혹사>에서 우식과 선도부 사이, 우식과 일 년 유급생 사이의 물리적 긴장과 투쟁이 그것이다.

결국 우식은 선도부의 집단적 폭력으로 남성 권력을 잃고 스스로 학교를 떠난다. "한번 쪽팔리면" 지배적 남성성으로서의 권위를 빼앗기게 되고 남성 존립의 주도권과 정체성은 사라지는 것이다.

한국에서 무능한 남성성은 유교봉건 지배 체제와 제국주의 침탈의 과정에서 사적 근거들을 찾을 수 있다. 국가가 식민지로 전락한 가운데서 아버지지배적 권위 상징를 죽이지 못하고 그 아버지와 유사한 토템인 '제국주의의 논리'를 논리로 섬기면서 이를 내면화하였다는 점[8]이다. 군사정권의 폭압은 제국주의의 논리를 답습하면서 교육과 사회현장에서 제국주의의 남성성을 내면화시켜 나간다. 이 가운데 반공 규율은 가부장적 위계와 권위와 더불어 억압기제를 가중하는 요인이 된다.

1978년대 한국 고등학교의 풍경은 유신 말기의 서슬 푸른 공포와 폭력의 현실 속에서 남성 간 위계와 계급 서열을 보여준다. 공격성과 폭력적 긴장으로 획일을 강요하는 강압적 동질성의 세계다.

　그렇게 하여 1970년대는 군사주의적 분위기 속에서 '이소룡'이
라는 심각한 얼굴의 절대적 쿵푸스타를 전면화 시킨다. <말죽거
리 잔혹사>에서의 주인공의 문화적 이미지는 온전히 '이소룡'의
절묘한 무술에 집약되어 있다. 실제 영화의 시작은 <정무문>의
이소룡을 보러간 소년의 환희에 가득 찬 얼굴에서 시작한다. 이
소룡의 박력 있는 액션과 괴음, 까마귀 울음소리와 같은 기묘한
기합소리와 비장한 표정 등은 무술의 일인자로서 아우라를 형성
하고 있다. 유하가 자신의 세대를 이소룡 세대라고 명명할 만큼
이소룡은 우상적 존재이다. 정무문의 마
지막 장면, 총을 겨누는 일본인 형사를
향하여 이단옆차기를 하여 뛰어오르는
이소룡의 모습은 죽음을 뛰어넘은 신예
의 비상을 의미하는 것이기도 하다.

　현수가 이소룡에 대해 탐닉하는 것은
무협지적 상상력이 가지는 전형적인 남
성서사의 완성을 보여주기 때문이다. 긴
수련과 수행, 의리와 결투, 복수와 승리,
무협지적 상상력은 권선징악의 희망과
남성 집단적 백일몽을 일깨운다. 현실적
갈등과 모순에 대한 상상적 해결을 이루

대중문화 1세대의 문화적 기억과 망각 · 386세대의 문화적 기억

게 한다. 꿈과 전망을 상실한 시대의 대중과 남성성을 실추한 남성에게 집단적 판타지를 제공해 준다.[9]

무엇보다 무협지의 세계는 동양주의적 남성 이념 '의리'를 완성시킨다. 억압적으로 군림하는 강자를 혼내고 약자를 도우며 정의를 드높인다는 협의 정신을 구현하는 것이다. 그러나 무협과 무술은 이 세상과 구별되는 가상의 공간이다. '강호'의 세계에서 가능하다는 점에서 무협지적 상상력은 환상과 위안을 파는 백일몽에 지나지 않는다. 무협지류는 모순된 현실의 악과 부조리를 일소에 통쾌하게 제거할 수 있다는 낭만적 희망으로서, 급격한 산업화와 군사정권의 폭압 속에 있던 서민들을 위로하는 대표적 위안물인 것이다.

결국 영화의 말미, 현수는 학교가 제도적으로 행사하는 물리적 폭력에 대항하여 이소룡의 절권도를 휘두른다. 선도부학생들 모두를 물리친다. 이 장면은 영화에서 가장 통쾌한 장면이다. 동시에 무협지의 남성영웅, 남성서사의 복제다. 폭력에 대한 또 다른 폭력적 대응이라는 남성성의 필연적 기획을 완성한다.

이소룡이라는 전설적인 무술스타에 대한 우상화는 남성폭력에 대한 우상화이면서 동시에 영웅서사를 통해 폭력 현실에 대응하고자 하는 저항의 한 표현이기도 하다. 무협지적 상상과 무술세계에 대한 복제와 실현은 현실적 폭력에 대한 대중적 판타지를 구성한다. 동시에 폭력적 저항이라는 이중적 중층적 의미를 지닌다.

사랑은 무브 Money, Orgasm, Variation, Energy

이소룡 세대는 이소룡이 1973년 <정무문>을 끝으로 죽고 1970년대 말 80년대 성룡의 <취권> 세대의 등장으로 세대교체를 감지하게 된다. 영화 말미에서 취권을 하는 "햄벅"과 절권도의 기합을 넣는 "현수"의 대결 액션은 대중문화 유행의 세대적 계승을 암시한다. 진지하고 절박한 이소룡의 '절권도'는 유희적이고 희롱하는 듯한 성룡의 '취권'에게 대중적 주권을 넘겨준다.

문화적 기억과 억압과 복원의 문제

유하는 이소룡이라는 존재를 통해 학교의 일상을 벗어나 기상

천외한 모험의 세상 속으로 들어갈 수 있었다고 고백한다. 그는 이 소룡에 대한 에피소드를 하나라도 더 알기 위해『주간 국제』,『주간 부산』같은, 가판대에 널려 있는 싸구려 잡지들을 뒤적인다. 로라 미야오, 마리아 리 등의 판넬용 사진이 실려 있는 일본 잡지들을 사기 위해 세운상가와 중국대사관 앞을 헤맨다. 세운상가를 돌아다니면서 해적판 레코드를 사고 일본판 <스크린>과 <로드쇼>를 보며 많은 외국 영화배우의 이름을 알게 된다.[9] 그는 영화관 어둠이 주는 안온한 스릴감을 즐기면서 어둠의 관능을 사랑하고 방종의 자유를 누리고자 했다고 말한다. 그는 특히 헐리우드 영화에 탐닉하면서 "증조할머니가 곶감처럼 귀에 넣어주시던 옛날이야기보다 훨씬 재미있는 구경거리"를 보기 위해 광속의 보리쌀이 거의 동이 날 지경이었다고 말한다. 유하는 구비전승으로서의 옛날이야기, 문자매체와 오디오 세대를 넘어 그야말로 비주얼 세대, 대중문화 1세대의 감수성을 지닌 셈이다. 그는 대중문화가 주는 매혹과 욕망과 환멸을 동시적으로 체험한다. 시청각적 이미지를 신체적으로 각인, 기억하는 문화세대적 의미를 극단적으로 표명한다.

그럼에도 다음과 같은 유하의 고백은 문화적 정체성의 어떤 혼란지점을 드러내는 지점이라 주목해 볼 만하다.

> 종종 '감동받은 영화가 뭐냐'라는 질문을 받을 때가 있다. 그때마다 대
> 뜸 내 머릿속에 떠오르는 것은, 〈벤허〉, 〈애수〉, 〈바람과 함께 사라지

사랑은 무브 Money, Orgasm, Variation, Energy

다〉 따위의 할리우드 영화들이었다. 최근 몇 년 사이 알량하나마 영화공부를 시작한 뒤로는, 대외적인 '가오' 때문에 장 뤽 고다르의 〈내가 그녀에 관하여 알고 있는 몇 가지〉나 타르코프스키의 〈희생〉 같은 지루하고 난해한 작품들을 얼굴색 하나 안 변하고 소위 다시 보고 싶은 영화로 내세우곤 하지만, 솔직히 말해서 어린날 무인지경의 감수성으로 받아들였던 할리우드 영화만큼 지금 깊은 감동으로 남아 있는 영화도 드물 것이다.[10]

유하가 문학평론가 한 분을 만나게 된다. 그가 타르코프스키의 〈노스텔지아〉 이야기를 해서 자신은 미국영화에 찌든 세대인 것을 고백하며 스스로 자기반성을 하는 대목은 인상적이다. 헐리우드 영화가 깃는 스피드와 화려함과 경박함 같은 일정부분이 문화생산자영화감독인 유하에게 취향의 수준을 의심받게 할지도 모른다는 강박이 작용한 것이다. 하지만 무엇보다 1970, 1980년대를 거처 오면서 한국이 겪게 되는 문화운동에서 이념 문제에 대한 책임의식이 중요한 기제로 작용한다는 점이다.

문화운동가들은 대부분 문화가 이데올로기를 재현해내는 물질적 요소라고 말한다. 그 안에서 문화적 헤게모니까지 짚어내고 있다. 이와 같은 시각 속에서 1980년대 문화운동은 대중문화를 계급, 민족문화로 추상화시켰다. 정치해방의 수단으로서 문화, 단일한 문화로 획일화시켜갔다. 유하는 할리우드 영화에서 감수성의 일단을 세례 받았지만 청년시절 이데올로기적 대립 속에서 욕망과 의식 표면의 혼돈을 겪게 된다. 1980년대 문화운동의 현장, 이념 실천의 측면은 문화욕망의 무의식의 잔재들, 욕망 표현의 잠재적 욕구들을 배제하고 심지어 억압해 온 것이다. 결국 1980년대의 정치경제적 논리는 계급의식 속의 통일적 인간을 지향한다. 1970년대 대중문화세례를 받은 1세대들은 문화적 갈등과 고민에 빠질 수밖에 없었다.

> 아주 오래전 어느 밤의 일기장에 "나는 지금 트윈폴리오를 들으며 혁명을 읽는다."라고 쓴 대목을 다시 읽는다. 그때 나는 아마 그것이 서로 충돌되는 것이고 내 속이 그런 충돌의 요소들을 양육하고 있다는, 다시 말해 나는 모순과 갈등이 심한 존재라는 판단이 그런 글귀를 써내려가게 했을 터이다. 주위의 선배들은 내 정서와 감각이 '80년대적'으로 '지양'되지 못한다고. 그래서인지 비판과 질책을 아낌없이 보내주곤 했다. 나 역시 도대체 나는 세계관과 감성이 왜 그리 통일되지 못하는 기이한 종자인가를 늘 자탄하곤 했다.[11]

1970년대 대중문화를 섭렵한 1세대들이 1980년대 청년기를 맞으면서 직면하게 된 것은 계급의 논리 속에서 자신의 감성과 이념이 결코 일치할 수 없다는 자책적 갈등이었다. 70년대 군사주의에 의해 대중문화의 억압이 있었다면 80년대는 계급주의라는 일종의 검열기제가 대중문화의 욕망을 억압했다. 이데올로기에 대한 이상 과잉 속에서 문화에서 현실표상문제에만 집착한 나머지 표상되지 않는 욕망, 즐거움 같은 비인지적 차원의 힘에 대한 고려가 없었다는 점이다.[12]

사랑은 무브 Money, Orgasm, Variation, Energy

히스[Heath]는 영화 <죠스[Jaws]>의 분석에서 대중문화의 분석이 즐거움, 의미, 상품의 복합물로서 포착되어야 한다는 필요성을 강조하고 있다. 문화대상물은 그것의 가치, 이념의 구현체로서만 다루어지는 것이 아니라 '즐거움'을 주는 오락으로서도 다루어져야 한다는 것[13]이다. 히스는 즐거움을 인간의 본원적 욕망과 관련지어 생각하려 한다. 물론 즐거움은 권력의 문제와 연관되어 지배이념에 순응적이 되는 대신에 보상으로 주어지는 산물로 간주되곤 한다(부르디외의 용어를 빌리면 '즐거운 것의 노예화 폭력'에 항복하는 것).

그러나 즐거움이 집단적 유토피아, 사회적 소망충족, 사회적 갈망으로부터 단순히 유래한다는 것을 넘어서서 대중적 즐거움에 그것의 원천이 있다는 사실을 주목할 필요가 있다. 앙은 대중문화가 '감정적 진솔함'을 불러일으키고 '지금 현재 여기'에서의 실제 삶에서 활발히 체험하고 느낄 수 있는 것에서의 즐거움, 그것이 최소한 삶을 유쾌하고 살만한 것으로 만들어 주는 데 기여한다고 본다.[14] 즐거움은 단지 지배이념과만 결합되는 이념 전달의 촉매제만이 아니다. 그에 대한 저항적 요소와 결합하는 즐거움, 다원성에 대하여도 주목할 필요가 있다.

룰라 김지현의 매력은 글쎄, 건강한 외설스러움?
잡힐 듯 잡히지 않는, 만만한 퇴폐성의 아름다움?
삼천만 티브이 부족은 지저귄다, 지금은 20세기말의
원시부족사회, 티브이 추장의 딸인 듯 김지현에게

대중의 전체는 몰입되어 있다, 눈과 귀 이전의 촉각으로
이난영에서 김지현까지, 순백의 라디오 스타에서
비디오 킬드 라디오 스타에 이르기까지
가수여, 영원한 생의 룰루랄라여,

—「룰라, 김지현이라는 메시지」에서

비틀즈는 사라지고
예스터데이—
비틀즈 목청만 남아
가버린 어제를 산다

어제를 부르는 비틀즈와
비틀즈를 부르는 어제의 그리움

—「비틀즈」에서

소니 롤린스, 뉴욕의 한 강가에서
밤이면 삶에 취해 색소폰을 불던 사내
쿨 재즈라든가, 하드밥
그래, 인생의 반은 120%의 cool한 영혼,
나머지는 격정적인 하드밥의 육체

—「재즈 0」에서

유하에게 대중문화에 대한 심취는 쾌락과 비판, 매혹과 저항이 곁들어지면서 키치중독자의 갈등과 환호가 동시적으로 표출된다. 유하는 비틀즈를 그리워하고 소니 롤린스의 멋스러운 폼을 연상한다. 김지현의 외설스러운 춤에 대한 매혹과 비판적 긴장을

사랑은 무브 Money, Orgasm, Variation, Energy

느낀다. 이와 같은 갈등은 키치세대로서 대중문화 1세대의 문화적 감수성의 혼란을 암시하는 것이기도 하다.

유하의 대중문화 기억은 압구정동 시리즈 연작〈바람부는 날이면 압구정동에 가야 한다〉에서 타락한 언어하위 언어, 무협지적 은어를 동원하여 문명비판을 감행한다. 1990년대 '압구정동 시리즈' 연작 시집은 하위 언어로 주류 속물사회에 대한 비판을 담으려 했다. 하지만 궁극적으로 그의 의식 근저, 감수성의 기저에는 청소년 시기 대중문화세례의 기억에 근원적 시원을 두고 있음을 알 수 있다. 대중문화 1세대의 문화적 감수성은 80년대 진보를 표방하는 계급의식 속에서 망각되고 억압되다 다원화된 시대 90년대에 와서 복원된다. 비로소 청소년기 매혹경험을 문화적 기억으로 추억하면서 복원한다. 그것은 통속적인 것으로 폄하되는 대중적 티브이 쇼프로, 할리우드 영화, 라디오 팝송, 70년대 군사주의 문화 속 판타지로서 무협지적 상상력이다.

지금까지 좌파 문화연구자들은 이념상 반진보적, 통속적 텍스트들을 사람들이 '왜' '즐기는가'에 대한 답을 주지 않았다. 이념적으로 진보적 혁명을 외치면서도 왜 감성적 멜로에 눈물을 흘리는가에 대해 설명해 주지 않았다. 여기서 '즐거움 / 저항' '매혹 / 거부'의 대중문화에 대한 수용자의 투쟁의 장이 설명될 수 있다. 예민한 감수성의 시절 몸으로 이식된 실제적 '감성적 사실성'의 시대가 1970년, 1980년이다.

　종종 대폿집에서 칠순 노인이 일본 군가를 부르는 것을 볼 수 있다. 노인은 일본 군가를 그리워하는 것이 아니다. 그 군가에 포개져 있는 청춘에 대한 기억을 그리워하는 것[15]이다. 그리움이 과거 일제를 허용하는 것이어서도 안 되며 현실주의적 역사관을 놓쳐서도 안 된다. 다만 역사적 이데올로기를 넘어서는 청춘과 추억의 문제는 남는다는 사실이다.

　대중문화 1세대의 문화적 기억과 억압과 복원의 문제는 파시즘적 속도주의의 현재 속에서 '추억'이라는 문화적 아이콘으로 복원된다. '순수'라는 낭만적 환희로 반복되고 있다. 영화 <와이키키 부라더스>, <헐리우드 키드의 생애>, 동물원의 노래 <혜화동에서>, <시청 앞 지하철역에서>[16] 등. 1970년대 대중문화체험과 경험 속에서 '영상적 인간', '문화적 인간'이 키워졌다는 사실. 그리하여 1990년대 문화 향수의 시대에 몸속에 깊이 유배되었던 기억을 천천히 불러내고 있다는 사실을 알 수 있다.

　1970년, 1980년대 외래 / 대중문화의 급격한 세례 속에서 문화적 기억과 억압과 혼란의 문화적 정체성이 놓여 있었다. 이것이 80년대 청년문화 속에 은폐되어 있던 이면이다. 대중문화 이식세대에 대한 논점은 그런 점에서 90년대 '추억'의 문제를 좀 다른 시각에서 사고할 수 있는 한 틈새를 보여준다.

사랑은 무브 Money, Orgasm, Variation, Energy

인종주의 공포와 혼성성의 의미

● 동양여성의 백인남성 판타지, 영화 〈Mr.로빈 꼬시기〉

영화 〈Mr.로빈 꼬시기〉는 백인 남성에 대한 동양 여성의 판타지를 완벽하게 투사시킨 영화다. 1960년대 미국의 최고 팝 싱어 크리프 리차드가 한국의 모 여대 강당에서 라이브 무대를 가졌다. 여대생들이 손수건을 무대로 던지며 애정공세를 펼쳤다 당시 무대 위로 던진 손수건은 남성화된 추문으로 무성해져 '속옷'으로 둔갑하기도 했다. 이 이야기는 오랫동안 회자되면서 여대생들을 극렬한 비난의 대상으로 만들었다. 당시만 하더라도 여대생은 한국 모든 남성들이 선망하는 대상이었다. 도시적 세련과 미모를 겸비한 엘리트였다. 무엇보다 1960년대 산업화의 초입부에 또 다른 강대국 미국의 피식민

주체로 살아가야 한다는 한국 남성의 열패감이 한국 남성을 괴롭혔다. 기실 모욕감이란 사소한 데서 출발한다. 한국 남성들은 한국 엘리트 여성을 오히려 모욕함으로써 무대위로 팬티를 던졌다는 둥 하는 소문을 내는 것 자신의 자존심을 회복하려 했다.

그렇다면 한국 남성은 어떤가. 산업화라는 근 50년의 과정에서 한국 남성들은 금지된 '빨간책', '플레이보이'지를 몰래 빌려보며 그들의 십대와 사춘기를 보냈다. 어두운 방에서 서구 '금발미녀' 콤플렉스를 키우며 성적 판타지를 만족시켰다. 그러는 사이 한국의 젊은 여성들은 제국주의 남성에 대한 또 다른 성적 계급적 판타지를 키우고 있었다. 엘리트 젊은 여성은 백인 남성을 '꼬시기' 위해서 열심히 '영어'를 공부한다. 검고 긴 생머리를 길러 동양적 신비를 트렌드화하고자 했다. 동양적 '순종順從과 순정純情'은 백인 남성에게 또 다른 '오리엔탈리즘'의 신비와 환상을 심어준다. 유명한 뮤지컬 <미스 사이공>이나 <나비부인>은 백인 남성의 오리엔탈리즘 환상을 다룬 대표적인 예들이다.

사실 백인 남성에 대한 맹목적 열망이 천박한 식민성을 드러낼지도 모른다는 자의식이 한국 여성들에게 없었던 것은 아니다. 이에 대한 대체 모색 가운데 나타

난 사람이 '다니엘 헤니'다. 백인의 준수하고 신사적인 외모와 럭셔리하고 완벽한 영어를 구사하는, 백인과 한국인 사이 혼혈. 백인이면서도 한국계라는 친연성이 젊은 한국 여성 팬들을 더욱 열광하게 만들었다. 그러니까 <Mr.로빈 꼬시기>에서 혼종의 동양계 백인은, 혈연적 친연성을 중시하는 한국정서에 어느 정도 부합하면서 백인 선망에 대한 계급적 열망을 만족시켜주는 가장 적절한 타협점인 셈이다.

그러나 영화는 이와 같은 인종주의적 시각을 전제하면서도 의외로 충격적인 대사를 특별한 자의식 없이 던지고 있다. 식민/피식민, 제국주의 방식의 젠더화에 대한 무의식적 표출이란 점에서 더욱 시사적이다. 애널리스트인 민준엄정화은 미국본사 사장인 로빈다니엘 헤니과 처음 대면에서부터 그와 충돌을 빚으며 티격태격한다.

시퀀스 1 영국인 둘이 민준과 함께 회사에 대한 이야기를 나누다 멀리 있는 로빈을 바라보며 말한다. "yellow monkey가 뭘 할 수 있겠어." 영국인의 말을 듣고 민준은 순간 "노란 원숭이라고? 풋!" 하고 함께 비웃는다.
● 동양인이 제국주의 남성 시선과 동일시되면서 백인 혼혈을 바라보는 시선

시퀀스 2 로빈의 친구이자 연인인 제니퍼는 민준을 바라보며 로빈에게 묻는다. "이 포카혼타스는 누구야?"
● 제국주의 여성이 백인남성을 원주민 여성에게 빼앗기지 않기 위해 인종계급성을 극단적으로 표면화하는 차별적 시선

오 갓! 동양여성이 흠모해마지 않는 백인혼혈이 기껏 "yellow monkey"라니. 그러니까 로빈은 '의사疑寫—백인가짜 백인'이다. 백인 순수혈통 우월주의에 의해 차별 받는 '제국주의 모방자'에 불과하다. 그것도 모르고 따라다닌 동양여성은 제국주의 남성에 의해 남루한 원주민 삶에서 구원받기 원하는 유색인 포카혼타스에 불과하다. 영화는 인종주의에 대한 자의식도 없이 인종 멸시적 표현을 마음껏 구사한다.

미국인들만큼 외국인 공포증이 심한 사람들도 없을 것이다. 그들은 자신과 다른 어떤 미지의 것에 대해 무의식적 공포를 가진다. 자본 강국이며 모국어가 세계어라는 자만으로 단 한번도 '타자체험'을 해보지 않은 나라, 이러한 사실이 미국인에게 익숙하지 않은 '다른' 것에 대한 공포를 만들어왔다. 세련되고 지적인 외모의 차인표를 영화 <007 어나더데이>에서 냉혈한 북한인 민군 장교로 캐스팅하려 했을 만큼 한국인에 대하여 호전적 이미지를 투사하려 했다. 할리우드 영화에서 이슬람 회교국은 언제나 '절대악'으로 등장한다아랍인은 언제나 악인으로 등장한다. 〈트루 라이즈〉 등.

하긴 이것이 남의 일이랴. 피부색이 우리와 비슷한 몽골인보다 거무스레한 동남아인들을 더 멸시하는 한국인들 또한 서구 인종주의를 답습한다. 자국 내에서 제국주의적 인종 멸시를 답습한다. 우리가 동남아인들을 차별한다고 해서 백인이 한국인을 동남아인과 구별지어 생각하진 않는다. 포카혼타스는 그 나라 안에서는 추장의 딸이지만 백인의 눈엔 결국 인디언일 뿐인 것처럼.

인종주의와 다문화주의가 넘쳐나고 있다.

처음에는 피부색이 아니라 엑조티즘(이국취향)에서 출발했는지 모른다. 백인 남성에 대한 동양 여성의 판타지. 혹은 동양 여성에 대한 백인 남성의 판타지 말이다. 그러나 인종주의에 대한 생각은 우생학의 발달과 제국주의 식민지 침탈이 노골화되면서 공고화된 오랜 관습이었다.

인종 공포와 한국 인종주의의 기원

　인종주의와 다문화주의가 화두다. 한국에서 새로운 쟁점으로 부상하게 된 것은 최근 10년 전부터이다. 탈북자와 동남 아시아계 혼혈 가족 형태가 수적으로 많아지게 된 것이 큰 요인이라 할 수 있다. 탈북자들은 이식된 '북한체제/문화'와, 새롭게 학습되는 '남한체제/문화' 사이에서 문화적 경제적 이질화를 겪고 있다. 동남 아시아계 한국인들은 순혈주의 전통에 기반한 한국적 정서 속에서 새로운 인종주의 문제에 직면해 있다. 탈북자들에게 '조국'이 북한인가 남한인가에서 국가적 이념에 혼돈을 갖는 태도는 동남아계와 혼인하여 혼혈 가족을 갖게 된 농민들이 인종적 혼돈을 갖는 태도와 분명 다른 차원_{이념, 문화, 체제}인 듯하다. 하지만 큰 범주에서 보면 크게 다를 바도 없다. 문제는 한국사회가 인종, 피부색, 계급, 언어 등의 위계가 내면화되고 사회적으로 연계되어 있다는 점이다. '피와 모국', '언어와 모국'이라는 인종주의와 결부된 민족주의가 이제 새로운 균열점으로 드러나게 되었다는 사실이다.

　한국에서 '민족'이란 개념이 일제 강점 하에 일제에 대항하는 저항 민족주의 개념에서 생산된 산물이라는 것은 숙지의 사실이다. 한국에서 민족 개념은 오랫동안 혈연민족주의로 이해되어 왔다. 민족은 불가피하게 자연스럽고 본질주의적인 것으로 받아들여졌다. 고정된 실체로 여겨졌다. 이것은 민족 개념을 사회적 역사적 구성물이 아니라 외재적 자연적인 것으로 받아들이는 입장이다. 혈연 민족주의를 강조하게 된 것은 일제 강점 하에서 대항의 의미로서 '혈통'을 내세우고자 한 데서 이유를 찾을 수 있다. 이것은 1960년대 이후 서구적 초국적 힘들에 대항하여 "민족적 목적을 위해 혈연적 정체성과 민족의식을 강화하"[1]려는 움직임으로 더욱 강화된다. 한국에서의 강한 민족적 집단 환상은 서구열강, 외세에 대한 대항적 의식 속에서 비롯되었다. 민족 이데올로기 산물이라 할 수 있다.

인종주의에 기초한 민족주의 개념의 기원을 찾아보자면 개항기로 거슬러 올라 갈 수 있다. 1876년 강화도 조약 이전 조선에서는 '인종차별'은 물론 '인종'이라는 말 자체도 존재하지 않았다.[2] 전통적인 화이관華夷觀에 따르면 세계는 중화문명을 배운 화華와 그렇지 못한 이夷로 크게 구분된다. 그 차이는 피부색과 피가 아니라 오로지 문화의 차이에 불과했다. 오랑캐를 구분하는 기준이 '인종'이 아니라 '유교적 예법'이었던 바. 이것은 후천적 피부색, 태생적 특질과 확연히 구분되는 바였다. 오랑캐라도 예법만을 잘 익히면 기존사회에 편입할 수 있었다.

중화적 예법을 중시하는 풍토에서 인종에 대한 인식은 어떻게 생겨난 것인가. 이는 철저하게 외래 담론의 전유와 토착화 과정

사랑은 무브 Money, Orgasm, Variation, Energy

에서 비롯된 것이라 할 수 있다. "16~17세기 영국 및 프랑스 귀족에 의해 발전된 특수주의적인 인종투쟁 담론은 언제나 군주의 권력에 저항하기 위해, 즉 사회로부터 자신들을 보호하기 위해 만들어졌고 활용되었다. 그러나 19세기 인종투쟁담론은 부르주아 계급에 의해 국가권력의 중심부로 진입하면서 생물학적 보편주의로 변질되었다. 하나의 동일한 인종 내의 부단히 재생되는 하위 인종의 위협으로부터 사회를 보호하는 담론으로 둔갑했다."[3]

인종주의는 19세기 서구 유럽주의를 만들어내는 핵심적 근거였다. 이러한 이분법의 배제적 논리는 푸코의 입장과 연결되는 부분이기도 하다. 푸코는 근대사회가 구축하는 '규범'의 확립과정에서 정상/비정상의 배제의 논리가 동반되었다고 본다. 이 배제의 논리가 인종주의와 연결된다는 사실이다. 생물학적 인종주의를 넘어서서 비정상인들에 대한 인종주의는 한 집단 안에 다른 집단에 대해 방어하거나 편견을 형성하는 것이 아니라 하나의 집단 안에서 그 집단에 위협이 되는 자들을 색출하는 것이다. 이렇게 함으로써 19세기 '홀로코스트'와 같이 정부가 직접 자국민에서 총력전을 감행하는 대규모의 학살을 수행하는 일을 할 수밖에 없었음에 주목할 필요가 있다. 즉 사회를 보호한다는 보존의 논리는 '국가인종주의'라는 매개항을 가지고 생명 권력을 국가가 휘두르게 되었다는 사실이다.

한국사회에서 한국전쟁 이후 생겨난 '양공주', '서구혼혈'의 문

인종주의 공포와 혼성성의 의미

제는 이러한 생명권력에 대한 국가적 배척, 국가적 인종주의 관점에서 논의되어야 한다. 요컨대 한국사회에서의 인종주의가 철저하게 서구담론 인종주의를 전유하고 있다는 점에 주목할 필요가 있다.

"서구에서 체계적이고 현대적인 인종주의백인우월주의[4]가 등장한 것은 대충 18세기 중후반의 산업혁명기, 인도가 식민지로 된 이후의 일이다."[5]인도나 중국의 문화를 '미신과 야만'으로 취급하는 '동양멸시론'은 이미 19세기초반에 본격화되었다. 이와 같은 인종 차별론을 초기 한국에서 개화파 양반귀족들이 '양반/상것'의 이분화로 받아들였다. 김옥균의 '지운영사건규탄상소문池運永事件糾彈上疏文, 1886'의 표현에서 계몽군주는 "우매愚昧의 인민人民을 문명文明의 도道로써 교教해야"한다고[6] 언급한다. 이는 계몽엘리트를 문명인으로 우매한 백성을 야만인으로 구분하는 서구 식민주의자의 인종적 차별주의와 별반 다른 점이 없다. 즉 19세기 20세기 초엽 서구 제국주의 침략전쟁을 정당화시킨 광적인 인종주의가 조선 엘리트 계몽파의 신분적 귀족주의와 결합하면서 한국적 인종주의를 만들어냈다는 사실.

인종주의는 침략담론을 정당화하는 근거로 작용했다. 뿐만 아니라 피식민지로서의 한국은 인종담론을 전유, 또 다른 민족적 인종주의를 만드는 계기로 삼고자 했다.

서구 인종주의에서 아프리카 출신을 엄격히 차별했던 방식과

사랑은 무브 Money, Orgasm, Variation, Energy

똑같이 동양과 한국에서도 똑같은 방식의 인종주의 답습이 일어났다.[7] 피부색이 비슷한 몽골인보다 피부색이 거무스름한 동남아인들을 더 무시하는 것. 백인병사를 상대하는 매춘부보다 흑인병사를 상대하는 매춘부를 더 멸시하는 방식. 이것이 한국식 전유방식이라 할 수 있다. 결국 서구제국주의 침략전쟁을 정당화하는 지배적 전제로서 활용된 인종주의가 철저하게 동양적 인식체계로 굳어졌다. 이는 조선인들에게도 개량화되어야 할 인종민족으로서 일제에 식민화되는 것을 당연한 수순처럼 여기게 하는 기제로 작동했다.

그러나 여기서 조선인의 인종주의는 좀더 미묘하고 복잡한 방식으로 전개, 확립된다. 일제당시 조선 개화파 지식인들에게 서구 유럽 인종주의를 기반으로 하는 백인우월주의기독교계에 대한 옹호가 있었다. 동시에 식민지 현실 속에서 조선 지식인들이 취할 수 있는 것으로 서구열강 침략에 대항할 범동양주의, 즉 황국민의식이 있었던 것도 사실이다.[8] 이는 서구와의 전쟁에서 전쟁동원으로 일제가 전략화환 '대동아공영권'의 욕망과 맞닿아 있는 것이었다. 백인종에 대한 황인종의 국민총동원으로서 '황민화' 과정이기도 했다. 일테면 당시 대표적 지식인이었던 이광수 등이 혼란스러운 백인 열강들의 침략 전쟁에서 그나마 조선이 기반을 가지기 위해 대일협력을 해야 한다는 '고육지책으로서의 친일'이 그것이었다.

인종주의 공포와 혼성성의 의미

황국식민화의 과정에서든 반일적 민족주의 입장에서든 아시아
적 집단주의, 가족주의가 필요했다. 한국민의 전통과 정체성을
구축할 수 있는 서구 자유주의와 시민의식과 권리의식보다도.

1970년대 박정희 정권 이후에 극단적 국가 이데올로기로 강조
했던 '민족 주체성 사상'이나 민족주의 담론은 엄밀하게 볼 때
일제 '황민화'체제의 반복이다. 개인주의보다 공동체^{국가}에 봉사하
는, 즉 개인보다 사회에 기반을 두는 유가적 대가족주의, 혈연적
민족주의. 이것은 철저하게 대항적 담론, 타자를 인종적으로 배
척하고 구분 짓는 황국민의식이 재구성된 지배담론이다.

1960년대 박 정권은 한국전쟁 이후 미군에 대한 적극적 군사
적 지원을 위해 정책적으로 기지촌을 만들고 장려하였다. 그러면
서 동시에 민족의 순혈적 전통성을 찾고자 하는 노력으로 군사
정권의 정당성을 얻고자 했다^{민족적 기원으로서 '단군', 우상으로서 '이순신'에 대한 추모가 일례}.

이렇게 하여 활발하게 생겨나게 된 미국기지촌과 달리 그 가
운데서 배태된 '양공주', '혼혈아'는 철저하게 민족 전통 속에서
배척되는 민족의 적, 타자로 분류되었다. 여기서 '민족', '인종',
'젠더'의 문제가 발생한다. 문학, 문화텍스트에서 식민지 근대의
민족사는 흔히 '여성수난사'로 대변된다. '여성 몸'은 고난의 민
족사를 상징하는 기표로 등장하곤 한다. 여성은 식민지 현실 속
에서 훼손되고 오염된 현재다. '더렵혀지고 강간당한 어머니ㅡ누

사랑은 무브 Money, Orgasm, Variation, Energy

이'라는 실체적 현실_{영화 〈아름다운 시절〉, 〈은마는 오지 않는다〉 등}이다. 동시에 영원한 본질과 기원으로 철저하게 지켜져야 한 순결한 민족지_{民族地}를 내포한다. 피식민 주체로서 남성의 현실적 좌절의 투사로 드러난 것이 더럽혀진 여성 몸이라면 그렇게 굴절된 남성성을 회복시킬 기원 또한 여성 몸인 것이다. 이와 같은 이중성 속에서 매개화된 것이 '여성 몸'이라 할 수 있다. 즉 여성 몸은 극단적인 민족의 훼손이기도 하면서 동시에 순수한 민족적 염원이기도 한 바. 오염되지 않은 여성 몸은 순수한 민족지로 설정되지만 "하층민이나 성적으로 더럽혀진 여성은 억압의 대상"[9]이 된다.

민족과 젠더를 둘러싼 이와 같은 공모와 배제의 논리 속에서 여성 몸은 이중적 식민화를 겪을 수밖에 없다. 식민지 여성은 "민족적, 성적으로 이중의 식민화상태에 놓이게 되는 것"[10]이다.

이 글은 '민족', '민족성'을 중심으로 국민국가를 만들고자 했던 한국 근대사의 과정 중에서 인종주의, 민족과 젠더, 혼혈과 식민/탈식민의 문제를 이야기하려 한다. 서구 근대 침략주의와 식민 체험이라는 이중적 질곡 속에서 한국 백년사는 새로운 인종주의와 혼혈성의 길항지대가 되었다. 이와 같은 역사과정이 녹아 있는 한국영화 두 편, 김기덕의 〈수취인불명〉과 송해성의 〈파이란〉을 살핀다.

인종주의 공포와 혼성성의 의미

1 부재하는 실재, 수취를 거부하는 편지

영화 〈수취인불명〉은 영원히 호명할/될 수 없는 '기원'에 대한 영화다. 받을 자가 없는 편지, 부재하는 실재에 대한 영화다. 무엇이 부재하다는 것인가.

'양공주'였던 창국의 어미는 흑인 혼혈인 창국을 낳고 시골벌판에 빨간 버스 안에서 살아간다. 시골벌판 뒤에 성조기를 게양하는 미군들의 모습이 보이고 미군 구보소리가 들린다. 이들이 사는 빨간 버스 안은 한국전쟁 이후 새로운 식민으로 살아가는 한국의 식민주의, 이주도 정착도 할 수 없는, 버스이되 멈춰있는 반半거주지로서의 공간을 상정한다.

창국 어미는 매일 미국에 있는 창국의 아버지, 흑인병사에게 편지를 보낸다. 편지는 늘 수신인 불명으로 되돌아온다. 창국 어미는 언젠가는 미국으로 들어갈 것을 예비해 영어공부를 한다. 슈퍼에서도 영어로 주문을 하며 재미교포의 흉내를 낸다. 그러나

마을사람들에게 철저하게 배척당한다. 창국은 어렸을 때부터 어미한테 두들겨 맞으며 영어를 배웠다. 하지만 창국의 영어는 동내 깡패에게 붙잡힌 지흠을 구해내는 정도의 실력이다.

1970년대 박정희 정권 군국 식민지 상황의 기지촌은 제국주의자를 흉내 내는 것으로 식민주의적 권력을 차용하고자 한다. 그러나 식민주의적 흉내 내기는 거의 비슷하면서도 완전히 똑같지 않은 '다름'일 뿐이다. 단지 '차이'만을 재현해 낸다. 그것은 '타자에 대한 욕망'에 불과하다. '권력적 언어'인 '영어'를 유창하게 쓴다는 것만으로 피식민지주체 사이에서 권력적 계급을 가질 수 있지만 궁극적으로 '발음'과 '피부색'은 '절대로' '그들처럼' 될 수 없는 영원히 이차적 존재인 것이다.

1970년대 기지촌 주변 시골마을을 배경으로 하는 이 영화는 전후 한국사회가 새로운 신 식민의 굴레미군 주둔하의 한국 속에서 '아비-국가'가 의붓아비였으며 '어미-누이'가 또다시 오염될 수밖에 없다는 것을 드러내는 황폐화의 현장을 암시한다. '제국주의-남성/식민지-여성'의 전형적인 이분법적 구성들을 재현한다.

전쟁 때 다리를 다쳐 상이용사가 된 지흠의 아버지, 잔인하게 개를 죽이고 죽인 개를 팔아 살아가는 개장수 개눈, 고등학교를 중퇴하고 지나치게 소심하고 여성적인 성격을 가진 지흠, 국군으로 죽은 줄 알았다가 월북자로 다시 낙인찍힌 은옥의 아버지, 흑인 혼혈로 개눈에게 몰매를 맞고 멸시와 천시를 받으면서도 개눈을 도와 밥벌이를 하며 살아갈 수밖에 없는 창국. 한국근대사를 배경으로 하는 텍스트에서 늘상 그러하듯 남성들은 철저하게 육체적으로 불구거나^{지흠의 아버지} 부재하거나^{은옥의 아버지, 창국의 아버지} 남성성이 거세된 채 여성화^{지흠}된다. 잔인하고 폭력적인 의붓아버지거나^{개눈} 멸시의 대상인 이물질^{혼혈아 창국}이다. 여성은 창국 어미처럼 '양공주'였던 과거로 인해 혼혈의 자식을 가지고 있거나 은옥처럼 '미군'의 애인으로 미군에게서 수혜의 대상이 되고자 한다. 식민통치의 경험에서 피식민지인이 겪는 모욕은 종종 피식민지인의 남성성 상실^{emasculation}로 나타나거나 여성 몸의 훼손으로 나타난다. 하여 영화는 영원히 수취가 거부된 편지처럼 철저하게 버림받는 사람들로 가득하다.

전쟁 후 신식민의 문화 속에서 국민들은 새로운 식민 주체의 야만성과 국가주의의 공포에 시달리게 된다. 어쩌면 처음부터 이들이 호명하고자 했던 어떤 기원 같은 것, '민족'이랄지 '국가'랄지 하는 것은 처음부터 가짜아비였으며 없는 실재일지도 모른다. 오히려 국가주의는 마을사람들의 발밑에 숨겨져 있는 한국 전쟁 때 죽은 인민군의 시체처럼 이들을 은연중에 위협하는 끔찍한 공포이자 이중적 억압기제다. 은옥의 아버지가 국군에서 갑자기 월북자가 되면서 은옥의 가족은 국가보상금이 끊기고 오히려 감시대상 가족이 된다.

그렇다고 김기덕의 영화가 1970년대 식민 남성의 피식민 여성

사랑은 무브 Money, Orgasm, Variation, Energy

에 대한 억압이라는 민족의 거대한 알레고리만을 전면화한다고 단순하게 말할 수 없다. 김기덕 영화는 서사 내러티브의 관습적 코드를 해치는 중요한 '상징'과 '이미지'로 영화적 관능성을 이끌어간다. '영화적 관능'이란 '보여주기'로서의 시각적 매체인 영화의 자기정체적 표식이 극대화되는 것을 의미한다. 김기덕의 경우 볼 것으로서의 영화의 자기정체적 표식을 극단화하기 위해 철저하게 원시적 폭력성을 드러낸다. 영화는 극단적 스펙타클을 향해 나아간다.

2 육체의 파손과 이종생산의 불결성

"식민지적 무의식이란 식민화될지도 모른다는 위기상황과 그것을 은폐하기 위해 식민 제국을 모방하는 과정에서 또 다른 타자와 야만을 발견해내는 과정에서 형성된다."[11] 영화에서 피식민 주체로서 한국 남성들은 제국을 흉내 내는 것으로 타자화에서 벗어나려 안간힘을 쓴다. 흉내 내기 과정에서 지배담론에 대한 공모와 저항이 중첩된다.

영화의 오프닝 신에서 은옥은 어린 시절 US표시가 된 나무판자로 만든 장난감 총으로, 오빠가 쏜 탄환의 오발로 눈이 백태가 된다. 지흠은 은옥을 집단 성폭행한 동네 깡패에게 복수를 하려고 그들에게 미군공기총을 쏘다 오발로 자신의 눈을 다친다. 창국은 방안에서 은옥이 하는 자위행위를 창틈으로 엿보다 은옥이

인종주의 공포와 혼성성의 의미

찌른 연필에 눈을 다친다. 창국을 제외하고 은옥과 지흠은 제국을 흉내 내는 과정에서 눈을 다치게 된다. 영화에서 철저하게 주변화되고 소외된 이들은 모두 '눈'을 다친다는 흥미로운 공통점을 지닌다.

보려는 것은 앎에 대한 욕구, 본질적으로 주체형성의 과정과 연관된다. 즉 '본다' / '안다'는 것[12]은 세계를 에고를 중심으로 대상과 주체를 구분하는 분별력이다. 세계를 자아를 중심으로 구축하는 주체동일시의 기준점을 의미한다. 보는 주체의 시각적 에고가 형성될 때 자신이 스스로 본다고 의식하게 된다.[13] 영화의 중

사랑은 무브 Money, Orgasm, Variation, Energy

심적 인물들이 한결같이 한쪽 '눈'을 상실하거나 다치게 된다. 그것은 응시로서의 인식론적 토대 반쪽을 잃게 된다는 것을 의미한다. 이는 기우뚱한 비대칭과 불구적 지각체계를 나타낸다. 1970년대 미군주둔 주변 시골마을은 새로운 식민군대문화에 익숙해져야 하는 식민지의 무의식적 강요 속에 놓이게 된다. 스스로 인식주체를 상실해 가게 된다. 은옥은 미군표시가 된 장난감 총으로 실명하게 된 눈을 찾기 위해 미군 제임스에게 몸을 허락한다. 지흠은 미군공기총 오발로 자신의 눈을 쏘게 되고 은옥의 애인인 제임스를 활로 쏜 죄로 미군지프차에 끌려가면서 저항하다 무릎을 다치게 된다. 지흠은 무릎을 다침으로써 한국전쟁에서 나리를 다친 자신의 아버지와 꼭 같이 다리를 절게 된다상처의 세습과 반복.

영화에서 모든 현실적 폭력성은 철저하게 육체적 파손과 파열로 점철된다. 창국은 이미 숨길 수 없는 피부색으로 냉대와 멸시라는 현실적 폭력을 당한다. '개눈'이 개들을 잡아넣는 오토바이 뒤 개집에 몸을 구부리고 타고 있는 창국은 어김없는 '개' 신세다. 창국의 타고난 검은 피부는 이미

인종주의 공포와 혼성성의 의미

'파손된 피부', '오염된 신체' 그 자체를 의미한다. 혼혈의 잡종성은 이종생산의 불결성을 의미한다. 민족국가는 순결한 민족지를 더럽히고 기원을 훼손한 자를 현실에서 추방한다. 타자로서 게토에 유폐시키는 것으로써 그들의 정당성을 보존하려 한다. 창국은 죽어야 될 운명의 개처럼 억울하게 매달리고 매질을 당한다. 죽어가야 하는 '저주받은 짐승'의 상징이다. 검은 얼굴에 표정도 말도 거의 없는 창국은 우리에 갇혀 죽음을 기다리는 개들처럼 비명조차 지르지 못한다. 한국 인종주의의 현실에서 이종혈통으로 고통 받는 마이너리티를 보여준다.

김기덕은 식민적 역사성, 역사 속 식민성, 인종주의의 폭력성을 철저하게 육체화한다. 스크린은 육체라는 물질성으로 서사적 상징과 이미지를 구축한다. 육체에 가해지는 자해와 가학과 피학의 메카니즘은 고통의 감각을 영화적 볼거리로 드러내면서 철저하게 현실을 상징화한다.

3 육체에 쓰인 글씨, 빈 공간으로서의 여성 육체와 남성 욕망 판타지

그리스 비극에서 육체적인 표지는 신분확인을 가능하게 한다. 개인의 과거사 기록을 의미한다. 육체에 새겨진 표시는 "버려진 고아의 몸에 새겨진 표식"[14]처럼 인물의 정체와 인지에 중요한 언어학적 기표가 된다. 이는 "육체에 자국을 남김으로써 육체를 의미화의 과정에 편입시킨다는 것을 의미한다."[15] 육체에 새겨지

사랑은 무브 Money, Orgasm, Variation, Energy

는 기호와 각인은 의미에 종속적이 됨과 동시에 그 자체가 이야기를 만들어낸다. 육체에 기호를 새기는 것은 육체가 문학 서사물의 한 주제가 된다는 것, 육체가 글쓰기의 한 부분이 된다는 것을 말해준다.

사실 창녀의 육체는 일종의 이야기의 시작이며 출발이라 할 수 있다. 발자크는 "창녀의 육체는 원래 이야기를 가진 육체다."[16]라고 말한다. 그것은 사회적 질서 속을 통과하면서 정열과 색욕과 허무와 버려짐의 이야기를 스스로 체현하고 있기 때문이다. 이들 육체의 이야기는 금전과 육체의 교환체계를 직접적으로 드러낸다. 매춘부의 육체는 남성 소유 판타지, 자본화된 육체를 극명화한다. 남성손님은 매춘부의 몸에 자신의 이름을 문신 새기는 것으로 여성 신체를 '영토화'하려 한다_{영화 〈별들의 고향〉}. 욕망의 자국을 새김으로써 육체를 파괴하고 파괴와 상처를 통해 육체의 한 부분을 물신화하는 것.

〈수취인불명〉에서 창국의 어미는 매일 펜으로 미국에 편지를 쓴다. 그러나 '펜'은 영화 마지막에서 창국의 손에 '칼'로 바뀌면서 창국 어미의 가슴을 도려내게 한다. 창국 어미의 가슴에 흑인 미군병사의 이름이 칼로 새겨져 있었던 것. 자식이 어미의 가슴을 도려내는 이 그로테스크한 잔혹 모티브는 여성육체를 식민화하는 '식민주체-아비' 부정이며 아비 지우기로서의 통과의례 행위라 할 수 있다. 발자크는 "여자와 종이는 무엇이든 참아내는

인종주의 공포와 혼성성의 의미

두 개의 하얀_{혹은 공백 상태} 물건이다."라고 말한다. 이 불길한 논평은 여성을 마조히즘적 존재로 보는 프로이트의 논조와 동궤에 놓인다. 이는 여성의 육체에 자국을 내는 것과 종이에 표시를 하는 것과 닮아 있다는 점을 시사한다. 자국 낸 육체는 쓰여진 종이처럼 이야기를 함축하고 있다. 창국 어머니 가슴에 새겨진 이름, 자국 난 육체는 이 모든 이야기의 출발점이자 종착지점이 된다. 여성 몸에 자국 난 상처는 채워지지 않은 욕망처럼 이야기_{창국 모의 숨겨진 가혹사}를 만들어낸다.

은옥의 눈도 파손됨으로써 이야기를 이끌어낸다. 육체가 기호화된다_{눈의 상징성}. 은옥은 눈을 다시 회복하기 위해 제임스와 성관계를 맺고 미군병원에서 수술하여 눈을 회복한다. 그러나 한국생활에 적응 못한 제임스가 마약과 탈영으로 정신을 잃은 채 소유욕으로 자신의 정체성을 회복하려는 듯 은옥의 몸에 자신의 이름을 새기려 한다. 이때 은옥은 제임스의 칼을 빼앗아 수술한 자신의 눈을 다시 찔러 실명을 선택한다. 은옥은 스스로 자신의 몸에 상처를 내는 것으로 자신의 욕망과 육체의 운명을 끝장낸다. 결국 그녀의 이야기는 전부 그녀의 육체 위에 씌여지고 있다. 육체를 통해 정체성과 서사를 이룩한다.

육체에 새기는 문신은 가부장적 시나리오, 즉 지배에 대한 남성 욕망의 표식이다. 영화 <수취인불명>에서 여성 몸에 새겨지는 남성의 글쓰기, 상처로서의 영토화는 분명 식민지_{植民地}로서의

사랑은 무브 Money, Orgasm, Variation, Energy

민족지를 알레고리화한다. 그러나 김기덕은 새겨진 글씨의 상처를 도려내거나 아예 새겨지는 것을 거부하며 자해함으로써 육체의 이야기를 피학과 가학, 파괴적 형식으로 균열시킨다. 김기덕의 영화는 스펙터클한 육체이야기로 식민/탈식민의 경계에서 분열하는 위태로운 비등점을 시사한다.

디아스포라, 여성 노동자 젠더화의 문제
─영화 〈파이란〉

1 국민국가 비제 논리와 언어, 자본의 문제

국민국가가 형성되고 난 이후 국가는 '나'의 주권성을 구축하는 현실적이다. 구체적인 기반이 된다. '나'의 주체적인 주권은 국민국가의 논리에 예속되는 것과 교환함으로써 취득된다는 사실. 개인은 국가에 의해 인정되는 국민이 아니라면 그 주체성을 행사할 수도 없게 된다.

국민국가를 형성하기 위해 '우리'의 외부에 언제나 '타자=외국인'이라는 대립항을 만들어 배제시킴으로써 '우리'라는 공동체를 만든다. 파시즘이라 부르는 것은 결국 국민국가로 형성되는 과정에서 한 개인이 무매개적으로 국가에 동일화되는 과정, 폭력적으로 '타자'를 배제하는 과정의 다른 이름이다.

한 사람이 국민 공동체의 일원으로 당연시 될 때 그가 국민국

인종주의 공포와 혼성성의 의미

가의 '외부'에서 사고하는 일이 가능한 일일까?[17]

그 외부에 외국인 노동자와 이민, 정주 외국인 등이 존재한다. 세계 각지에 이 첨예한 문제들이 항상적으로 존재한다. 여기서 국적을 가진 자와 갖지 못한 자 사이의 '차이'의 문제는 첨예화된다. 결국 '특권'과 '배제'의 논리라 할 수 있다.

영화 〈파이란〉은 중국 국적을 가진 처녀가 한국인 건달과 계약결혼을 함으로써 겪게 되는 한국사회 이민족에 대한 배타성의 문제를 첨예화한다.

최근 동남아, 연변, 중국 여성들과 국제결혼의 과정에서 혼혈의 인종주의, 문화적 갈등, 언어와 풍습에 따른 갈등과 분열이 증폭되고 있다. 영화는 타민족이 국민국가의 한 국민으로 받아들여지는 데에는 국민의 범주를 넘어서 '인종'과 '언어' '성'이라는 계급적 갈등이 엄연히 존재한다는 것을 시사한다.

19세기~20세기 중반에 이르기까지 지속되었던 식민주의 시대, "식민주의 문화는 인종 사이의 우열을 가리는 편견과 고정관념을 뿌리 깊게 심어 놓았다".[18] 한국의 인종주의는 서구 인종주의

사랑은 무브 Money, Orgasm, Variation, Energy

를 토대로 1960년대 민족주의를 국가적 정체성으로 형성하기에 이른다. 1960년대 민족주의는 외세에 대한 자기방어의 본능에서 출발하였다. 민족주의를 통한 '애국심'을 내세우며 경제발전으로 국민을 동원했다. 이 가운데서 한국의 GNP가 상승한다. 외국민을 평가하는 데서도 GNP를 기준으로 평가하는 습관이 생겼다. 급속한 자본주의 경제시스템에서 모든 타인에 대한 기준은 자본력이 철저한 가치체계로 작동하였다. 헐벗은 민족^{북한민족, 연변족}에 대한 시각 또한 우월한 국가로서 시혜자적 입장을 동반했다. 한국 내 제3세계 노동자에게도 똑같은 기준을 적용했다.

영화 〈파이란〉은 중국 처녀 파이란이 한국 직업소개소를 통해 직업을 구하면서 한국인 남편과 거래에 의한 결혼을 하고 얼굴도 채 보지 못한 채 직업을 전전하다 죽게 되는 서사를 가지고 있다. 외국인 노동자 파이란은 몸값으로 임금을 박탈당한다. 자국민에게 저임금의 노동력으로 착취당한다. 디아스포라를 넘어 자본의 전 지구화과정에서 국가폭력의 문제로 등장한다. 자본은 국가와 공모하여 타자, 마이너리티, 외국인 노동력을 불법, 추방, 감금하는 방식으로 자본을 회수한다. 국가와 자본은 공모하여 이동권을 제한함으로써 집중적으로 노동력을 착취한다.

파이란이 세탁소에서 일하면서 벌어들인 돈은 그녀를 넘기는 중간상인에게 몸값으로 지불된다. 파이란의 몸값을 지불한 소개상은 파이란이 아프다고 찾아왔을 때를 회상하며 이렇게 말한다.

인종주의 공포와 혼성성의 의미

"미친년이 죽기 전 한 달 전에 찾아왔더라구요. 아프대요. 그 미친년이. 내가 받을 돈이 얼만데 지맘대로 아퍼. 내 허락도 없이 아퍼." 외국인 노동자의 몸은 철저한 자본 노동력의 일종일 뿐. 값싼 노동력과 차출된 용병으로서의 운명일 뿐이다.

올곧은 심성으로 강직하고 부지런하게 살려는 파이란이 한국에서 직업을 구하는 데 가장 결정적인 결함은 '언어'문제였다. 국민을 상상적 공동체로 호명하는 것은 국민 자국내부에서 커뮤니케이션에 지장이 없다는 것을 의미한다. 외국인이 능숙한 한국어를 구사한다하더라도 어눌한 발음은 여전히 그가 철저하게 '타자'로서의 '외국인'이라는 것을 드러내는 표식이 된다. "언어장애는 타자와의 만남이 수평적 만남과 대화에 이르지 못함을 암시한다. 서로 다른 언어를 매개로 이루어지는 대화는 반드시 '번역'의 과정을 거치게 되며 번역의 과정에서 의미는 미끄러질 수밖에 없다".[19]

국민국가 형성에서 '표준어 / 방언'의 구별을 짓고 표준어를 방언보다 우월한 계급적 표시로 여기듯 귀화인의 한국어는 표준국어로 여길 수 없는 열등한 계통성을 지니는 것이다. '외국인'과의 결혼으로 국적을 후천적으로 취득하듯 후천적으로 학습한 '국어'는 국민국가의 균질성에서 벗어난다. 어색한 발음의 연변 조선족, 외국인은 '발음'에서부터 철저하게 분리, 격리, 배제된다. 국민의 균질성에서 동등한 구성원이 될 수가 없다.

사랑은 무브 Money, Orgasm, Variation, Energy

파이란의 언어중국어를 알아들을 수 없다는 것, 파이란 자신이 자신의 권리를 항변하고 구할 통로가 없다는 것이다. 언어적 차이는 국가의 주권에서 배제되는 철저한 타자로 남을 수밖에 없다는 것을 의미한다. 언어 구사와 발음, 성별과 그들 나라의 GNP가 인종을 배척하는 기준이 된다. 국민국가의 배제 논리의 기준으로 작동하는 것이다.

2 디아스포라와 젠더화된 이주 여성

파이란은 중국한자어 백란白蘭이 지칭하는 것처럼 하얀색, 순백한 것의 상징으로 등장한다. 세탁소에서 빨래를 밟으며 일하는 파이란의 머리 위에 하얗게 내걸린 빨래들은 파이란의 순결한 영혼을 상징한다. 세탁소 아주머니는 파이란을 '인간세탁기'라고 부를 정도다. 마지막 장면에서 파이란은 파란 하늘을 배경으로 바닷가에 서서 노래를 한다. 영화 오프닝에서 푸른 바다의 물결, 그 물결을 타고 한국으로 건너온 파이란의 월경. 다시 영화 마지막에서 비디오로 보는 파이란의 수줍은 듯한 노래, 파이란은 결국 한국의 근대화 이전의 전근대로서의 '자연의 복귀', '전통적 여성미학'의 원초적 민족지를 상징한다. 파이란은 서류상의 남편인 이강재동네 양아치를 진짜 남편처럼 흠모하고 마음으로 그리워하며 기다린다. 파이란은 직접 만난 적도 없는 이강재의 사진을 들여다보며 그에게 편지 쓴다.

“강재 씨에서/ 강재 씨, 저와 결혼해주셔서 감사합니다. 여기 사람들은 모두 친절합니다. 계속 일하고 싶습니다. 모두가 친절하지만 그래도 강재 씨가 가장 친절합니다. 저와 결혼해 주셨으니까요.”

이강재는 자칭 “생양아치”면서 허풍만 셀뿐 심성이 약하고 겁도 많아 제대로 조직에서 인정받지도 못한다. 친구대신에 감옥에 가는 대신 배 한 척을 받기로 거래를 할 쯤 강재는 서류상의 아내인 파이란이 죽었다는 통보를 받는다. 강재는 바닷가로 내려가는 기차에서 파이란이 남긴 편지를 읽는다. 평생 동안 경험해보지 못한 묘한 기분에 휩싸인다. 자기 주변 모든 사람들이 자신을 “호구_{어수룩하여 이용하기 좋은 사람을 비유적으로 이르는 말}”로 멸시하며 비하하지만 오직 파이란만은 강재를 최고의 사람으로 받아들이고 그리워하고 있다는 사실. 도시로 나와 성공하겠다고 큰소리치며 시골집을 떠나왔지만 강재에게 남은 것은 도시사람들의 냉대와 조직보스의 구타와 후배깡패들의 멸시뿐이다.

‘파이란’은 근대도시를 이룩하기 위해 집 떠나온 근대인들의 잃어버린 향수다. 여전히 남아있는 궁극적인 본질로서의 진심을 상징한다. 새로운 문화역사의 얼룩에서 단 한 번도 더럽혀지지 않은 순수하고 신비한 민족지로서의 ‘처녀’, ‘자연’, ‘고향’을 상징한다. 기원으로서의 장소이면서 이 세상을 초월하게 하는 장소, 전근대로서의 무지, 원시성을 상징한다.

사랑은 무브 Money, Orgasm, Variation, Energy

파이란의 죽음으로 강재는 비로소 파이란과 만닌다. 파이란이
란 존재 자체마저도 몰랐던 강재는 파이란의 편지를 확인하고
그녀의 사진을 바라보고 파이란이 살았던 집을 방문한다. 비로소
순수 자체의 '이상적 객체'와 조우한다. 파이란은 이 세상에서
사라짐으로써 비로소 강재의 의식 속에 들어오게 된다. 바닷가에
재로 뿌려짐으로써 현실 속으로 들어오게 된다. 영화는 마지막
아이러니한 이들의 만남을, 실제 현실에서 단 한 번도 서로를 알
아보며 만날 수 없었던 스침을 '비디오'라는 영상을 통해 만나게
한다. 강재는 조직의 보스에게 죽임을 당하면서 비디오에서 흘러
나오는 파이란의 노래를 듣는다. 제작비디오의 제목은 '파이란
봄바다'. 그야말로 푸른 봄바다로서의 순결, 젊음, 잊혀진 전근대
의 향수를 떠올리게 한다. 파이란의 육체는 현실에서 사라짐으로

인종주의 공포와 혼성성의 의미

써 이강재에게 영원한 것이 된다.

　사라진 숭고한 실재, 남겨진 이미지, 그 징후 찾기로서 영화는 진행된다. 중국계여성 파이란은 한국 양아치의 구원자가 되어간다. 영화는 백색의 순수성과 붉은 마후라의 열정을 시각적으로 가시화한다. 백란白蘭, 파이란은 남성 섹슈얼리티과정에서 침탈당한 적이 없는 순결하고 깨끗한 원초성으로서의 여성 몸과 여성상을 상징한다. 미모이며 성적으로 순결하며 순수하고 착한 마음씨를 지닌 여성. 순수한 구원자로서 여성에 대한 남성판타지를 완성한다. 백란은 신비화된다. 그녀가 이국민이고 특히 자국어를 유창하게 구사할 수 없다는 점에서 언어의 유창함은 타락과 비속함을 상징한다.

사랑은 무브 Money, Orgasm, Variation, Energy

백란은 무언가의 기원적인 자연이면서 어떤 소중한 것으로서의 불가시적인 존재로 성화된다.

영화 <파이란>은 이주노동자, 국제결혼과정에서 '문명자-남자, 미개인-여성'의 이분법을 젠더화한다. 그러면서 과거회고적 향수와 이상주의를 드러내고자 한다. 이는 결국 한국보다 미개발국에 대한 또 다른 젠더차원에서의 인종주의다. 파이란은 어떤 이국정서로도 설명할 수 없는 독특한 논리를 보존한 채 '사라짐'으로써 낭만적으로 상상된다. 순수한 중국처녀는 타자화되고 철저하게 여성화됨으로써 결국 서구제국주의 인종주의를 재생 반복한다. 즉 '남성-제국-타락 / 여성-피식민-순수'라는 이분법.

인종주의와 젠더, 편견과 저항을 넘어

영화 <수취인불명> 마지막 부분에서 창국은 자신의 의붓아버지나 마찬가지인 '개눈'을 죽이고 자신의 어머니 몸에 새겨진 문신을 도려내고 자신은 겨울 언 땅에 거꾸로 박혀 자살한다. 창국의 어미는 언 땅을 따뜻한 불로 녹여 창국 시신을 땅에서부터 뽑아낸다. 마치 겨울식물을 땅에서 뿌리째 뽑아내듯. 그리고 창국의 시신을 먹기 시작한다. 그들이 살았던 빨간 버스는 불타오른다.

이와 같은 카니발리즘은 김기덕류의 원시성을 극단화한다. 이는 김기덕 감독의 영화세계에서 보여주는 '폭력적 성스러움'과도 연결되는 지점이다. 즉 거꾸로 땅에 꽂힌 창국은 마치 십자가에 거꾸로 매달려죽은 '베드로'를 연상시킨다. 그의 시신을 먹는 행위는 종교적 의식에서의 성체의 나눔과 먹음을 의미하는 것이기도 하다^{예수의 몸을 먹어 스스로 성스러워지는 방식}. 이처럼 김기덕은 육체와의 철저한 소통방식으로 현실의 허위의식을 폭로하고자 한다. 감독은 이데올로기 고발 대신 불편한 악마적 미학으로 현실의 척박함을 드러낸다.

영화 <파이란>은 외국인／내국인, 자본가／노동자의 계급투쟁을 이주노동자의 타자언어로 보여준다. 그 틈새를 위협하는 '국가적 경계'에 대하여 고민한다. 국가적 경계로 만든 '국적'이 자본적 거래에 의해 결혼이란 방식으로 봉합되지만 그것은 또 다른 착취를 위한 유형지로서의 의미를 띠게 된다. 디아스포라는 월경越境의 경험이후에 '언어'로든 '신체'로든 어떤 방식으로도 국민국가의 국민이 될 수 없다는 것. '국적'과 '언어' '인종'의 문제가 철저하게 국민국가의 경계, 자본의 폭력성과 연결된다는 점을 질문한다.

흥미롭게도 두 영화는 한국민의 인종주의, 젠더화된 여성성에 대해 대립적인 지점을 드러낸다. <수취인불명>에서 이민족의 피로 섞인 혼혈에게 철저하게 냉대를 보내는 데 반해 중국인 처녀 파이란은 중국 순수 황인종으로 인정받는 점미모의 얼굴. <수취인불

사랑은 무브 Money, Orgasm, Variation, Energy

명>에서 여성이 민족수탈의 육체적 흔적으로서 강간, 육체절단, 문신새김으로 고문당한다면 <파이란>에서 여성은 영원한 회귀의 진원지로서의 고향, 전근대의 향수를 미학화하는 실체로 등장한다는 점이다. 이 또한 여성의 순결/오염이라는 극단적 남성판타지의 이분법에 대한 투사라는 점은 두말할 나위가 없다.

새로운 신세기를 맞아 세계는 더욱 집단적 보편성^{세계화, 글로벌리즘이라는 환상}을 형성해가고 있다. 혼종성의 문화는 디아스포라의 문제, 인종, 민족 문화적 경계를 넘어 경계해체의 새로운 패러다임 구성에 들어서기 시작했다. 이와 같은 흐름 속에서 일부 학자들은 국민국가는 이제 후퇴했다고 한다. 인종주의란 이제 역사적으로 사라진 현상이라는 논의들을 도출한다.

그러나 다른 한편으로 새로운 혹은 부활한 민족주의, 국수주의, 그리고 인종적으로 배타적인 귀속의 패러다임이 복귀하였다는 주장도 제기되고 있다. 신민족주의의 부활은 어떤 점에서 혼종성, 혼종주의의 팽창이라는 시대적 흐름에 대한 위기의식 속에서 반대급부적 부상이라 할만하다. 오늘날 세계는 국가간의 경계, 문명·문화간의 경계 사이에서 다양한 혼종과 이월을 보여준다. 영화 <수취인불명>, <파이란>은 한국 전쟁 이후 최근 근대화 과정에서 나타나는 한국의 인종주의, 젠더와 한국 민족의 문제를 극단화해서 드러낸다.

새로운 문명의 디아스포라 과정에서 한국의 전통적 인종주의는 전화하면서 새로운 민족주의와 젠더의 문제를 성찰해야 하는 국면이다. 문명 / 비문명을 지배 / 피지배로 엄격하게 나눌 수 없거니와 젠더의 문제에서도 다기한 균열소음들이 발생한다일테면 베트남 처녀와 결혼한 농촌총각이 오히려 순진하다고 믿었던 아내가 도망가 버리는 배신을 당하는 것도 다반사다. 다만 다인종주의, 다문화주의 사회에서 편견과 배타성을 넘어설 수 있는 좀더 탄력 있는 수용과 저항이 필요한 것은 아닌가 한다.

사랑은 무브 Money, Orgasm, Variation, Energy

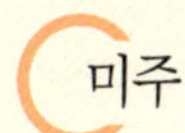 미주

chapter 1
우리 시대 스캔들, 연애의 발견과 가족의 탄생

1 권보드래, 『연애의 시대』, 현실문화연구, 2003.

2 권보드래, 「연애의 형성과 독서」, 『역사문제연구』 제7호, 역사문제연구소, 2001. 12, 107면.

3 권보드래, 앞의 책, 108면.

4 최원식, 「1910년 친일문학과 근대성」, 『민족문학사연구』 14, 1999.

5 세네카, 『성 제롬(St.Jerome)』, 1984, 울리히 벡 저, 강수영 외 역, 『사랑은 지독한 그러나 너무나 정상적인 혼란』, 새물결, 2002, 156면 재인용.

6 신은실, 「연애의 목적, 목적의 연애」, 『문화과학』 제45호, 2006. 3, 문화과학사, 117면.

7 디 파운틴, 데이비드 로빈스 저, 이동연 역, 『세대를 가로지르는 반역의 정신, cool』, 사람과책, 2006, 161~162면.

8 『주간동아』, 2007. 2. 13 참조.

9 권명아, 『가족이야기는 어떻게 만들어지는가』, 책세상, 2000, 22면, 31면 참조.

10 쿨은 섹스와 정치에 대한 냉소주의를 전제하면서 조숙하게 행동하려 한다. 제도에 대한 초연한 이탈을 시도한다. 일테면 쿨은 끈끈하게 결속된 조직 내의 우정에 가치를 두고 있기는 하지만, 늘 독립적이며 강한 개성을 나타낸다. 쿨은 전통적 혈연관계를 동료애로 치환하려고 애쓴다(디 파운틴, 데이비드 로빈스 저, 이동연 역, 『세대를 가로지르는 반역의 정신, Cool』, 사람과책, 2006, 31면, 33면).

11 울리히 벡 저, 강수영 외 역, 『사랑은 지독한 그러나 너무나 정상적인 혼란』, 새물결, 2002, 248면.

chapter 2
백수, 저항과 절망의 사회학

1 디지털카메라 마니아들이 인터넷 모 사이트를 중심으로 정보 공유를 하던 중에 디지털카메라의 지식을 중심으로 24시간 활발히 활동하는 인터넷 중독자들을 지칭하는 데서 사용된 말.
2 오장환, 「황혼」, 『성벽』, 아문각, 1947, 31면.
3 박로아, 「룸펜시대」, 『혜성』, 1932년 2월호.
4 정혜영, 「환영으로서의 '공부' 혹은 '외국유학'」, 『환영의 근대문학』, 소명출판, 2006, 20~21면 참조.
5 로병선, 「혼인론」, 『대한그리스도인회보』, 1899. 4. 19.

chapter 5
대중문화 1세대의 문화적 기억과 망각 – 386세대의 문화적 기억

1 유하, 『유하 산문집, 이소룡 세대에 바친다』, 문학동네, 1995, 7~9면 참조.
2 이성욱, 『쇼쇼쇼–김추자, 선데이서울 게다가 긴급조치』, 생각의나무, 2004, 56면 참조.
3 이성욱, 『쇼쇼쇼–김추자, 선데이서울 게다가 긴급조치』, 생각의나무, 2004, 136면.
4 수많은 도시 중에 왜 하필 '파리'였던가. 지금도 그러하지만 '파리'는 자유와 문화와 예술과 분방함의 상징으로 각인되어 있다. 90년대 초 여행자유화 바람 속에서 청년들이 유럽배낭여행의 열풍에 사로잡혔던 것은 한국에서 가장 멀리 있는 서구로서 유럽의 전통문화, 자유로움과 이국적인 것에 대한 강력한 호기심이 작동했기 때문이다.

5　유하, 『유하 산문집―이소룡 세대에 바친다』, 문학동네, 2005, 47~48면. 시인은 동시상영관의 내부에서 누구에게도 간섭받지 않고 영혼을 잠시나마 쉴 수 있도록 한 몽상의 그늘에 대하여 그 불온함의 안온함에 대하여 고백하고 있다.

6　정유성, 「한국의 남성성―사람 죽이는 억지춘향」, 『문학과사회』, 2003년 여름호, 1227면 참조.

7　박노자, 『나를 배반한 역사』, 인물과사상사, 2003.

8　조성면, 「무협만화와 영웅소설, 또는 꿈과 전망을 잃어버린 시대의 대중적 서사시 : 이재학의 용음봉명을 중심으로」, 『대중문학과 정전에 대한 반역』, 소명출판, 2002, 167~170면 참조. 무협지는 1960년대 초반기에 대중사회에 급속도로 전파되기 시작했다. 새로운 역사적 가능성과 역사적 절망이 함께 교차하던 정치적 혼란기였다. 산업화와 개발의 붐을 타고 이제까지의 재래의 가치와 규범이 더 이상 대중들에게 삶의 동일성을 보장하지 못하는 불행한 시대에 무협지는 서민들의 위로가 될 수 있었다.

9　유하, 『유하 산문집, 이소룡 세대에 바친다』, 문학동네, 1995, 30~32면.

10　유하, 앞의 책, 58면.

11　이성욱, 『쇼쇼쇼―김추자, 선데이서울 게다가 긴급조치』, 생각의나무, 2004, 106면.

12　1990년대 문화담론들은 1980년대 획일화된 문화담론에 대한 역반응처럼 신세대문화, 하위문화, 소수문화, 사이버문화, 시민문화 등 문화 환경의 다양하고 새로운 지형변화를 예고한다.

13　Heath, S. Popular TV & Film. BFI. 박명진, 「즐거움(Pleasure), 저항, 이데올로기」, 서울대학교 사회과학연구소 편, 사회과학과정책연구, 1991, 13권 2호 참조.

14　Ang, I. Watching Dallas. Methuen, 1985, 72~78면. 박명진, 위의 논문에서 재인용.

15　이성욱, 『쇼쇼쇼―김추자, 선데이 서울 게다가 긴급조치』, 생각의나무, 2004, 278면 참조.

16 동물원 노래 〈시청 앞 지하철역에서〉—시청 앞 지하철역에서 너를 다시 만났었지/ 신문을 사려 돌아섰을 때 너의 모습을 보았지/ 발 디딜 틈 없는 그 곳에서 너의 이름을 부를 때/ 넌 놀란 모습으로 음 –// 너에게 다가가려 할 때에 난 누군가의 발을 밟았기에/ 커다란 웃음으로 미안하다 말해야 했었지/ 살아가는 얘기 변한 이야기 지루했던 날씨 이야기/ 밀려오는 추억으로 우린 쉽게 지쳐 갔지// 그렇듯 더디던 시간이 우리를 스쳐 지난 지금/ 너는 두 아이의 엄마라며 엷은 미소를 지었지/ 나의 생활을 물었을 때 나는 허탈한 어깨 짓으로/ 어딘가 있을 무언가를 아직 찾고 있다 했지// 언젠가 우리 다시 만나는 날엔/ 빛나는 열매를 보여준다 했지/ 우리의 영혼에 깊이 새겨진/ 그날의 노래는 우리 귀에 아직 아련한데/ 가끔씩 너를 생각한다고 들려주고 싶었지만/ 짧은 인사만을 남겨둔 채 너는 내려야 했었지/ 바삐 움직이는 사람들 속에 너의 모습이 사라질 때/ 오래 전 그날처럼 내 마음엔// ……후렴/ —라라랄 라라라랄 랄랄라

chapter 6
인종주의 공포와 혼성성의 의미

1 김경일, 「민족과 민족주의를 통해 본 한국 근현대사」, 『역사비평』, 2006년 8월호, 66면.

2 박노자, 「한국적 근대(近代) 만들기 1」, 『인물과사상』, 인물과사상사, 2002년 1월호, 161면.

3 최원, 「인종주의라는 쟁점」, 『문학과사회』, 2006년 가을호. 261면.

4 앵글로 색슨(Anglo-Saxon)족이 문명국이며 가장 우수한 인종이라는 전제로 세계를 지배할 수 있다는 것.

5 박노자, 「한국적 근대(近代) 만들기1」, 『인물과사상』, 인물과사상사, 2002. 1. 163면.

6 박노자, 앞의 글, 164면 재인용.

7 "흑인들은 가죽이 검으며, 털이 양의 털 같이 곱슬곱슬하며, 턱을 내밀며 코

사랑은 무브 Money, Orgasm, Variation, Energy

가 납작한 고로, 동양 인종들보다도 미련하고 흰 인종보다는 매우 천한지
라"(「논설」,『독립신문』, 1987. 6. 24.) 서재필, 윤치호를 중심으로 한 독립
신문에서 가장 멸시를 받은 인종은 흑인이었다.

8 박노자, 「한국적 근대(近代) 만들기2」,『인물과사상』, 인물과사상사, 2002.
   2, 141~143면 참조.

9 최정무, 「민족과 여성 : 혁명의 주변」,『실천문학』 69호, 실천문학사, 2003
   년 봄, 25면.

10 김양선, 「식민 시대 민족의 자기 구성방식과 여성」,『한국근대문학연구』,
    제4권, 한국근대문학회, 2003. 10, 47면.

11 김양선, 앞의 논문, 67면.

12 숙지하는 사실이지만 영어에서 'see'는 '보다'와 '안다'를 동시적으로 의미
    한다.

13 주은우,『시각과 현대성』, 한나래, 2003, 214면 참조.

14 어머니의 십자가나 쪽지나 신체의 특징.

15 Blooks, Peter, 이봉지 역,『육체와 예술』, 문학과지성사, 2000, 24면.

16 Blooks, Peter, 위의 책, 145면.

17 이효덕, 「국민 국가의 안과 밖」,『당대비평』, 생각의나무, 1999. 6,
    212~213면 참조.

18 정수복, 「한국인의 인종주의」,『철학과현실』, 1998 봄호. 126면.

19 정재림, 「'우리'였다가, '우리'일 것이었다가, 결국 '그들'인」,『작가와비평
    06』, 여름언덕, 2007. 1, 41면.